JN097933

文部科学省後援事業

日本語検定

公式 過去問題集

日本語検定委員会 編

東京書籍

目次

■本書について

■本書は、2023年度第1回検定問題（2023年6月10日実施）と、2023年度第2回検定問題（2023年11月11日実施）を収録しています。

■本書に収録された検定問題およびその解答・解説は日本語検定委員会が作成しました。

■本書の問題の出題範囲が、必ずしも2024（令和6）年度検定に出題される問題のすべての範囲を示すものではありません。

■本書の解答と解説に、各問題が主にどの領域の問題であるのかを示しました。領域については、本書4・5ページをご参照ください。

日本語検定のご案内

❶日本語検定の特徴

1　日本語の運用能力を測ります。

漢字や語彙（ごい）など特定の領域に限定せず、日本語の総合的な運用能力を測ります。そのため、6つの領域から幅広く出題します。

1 敬語　2 文法（言葉のきまり）　3 語彙（いろいろな言葉）　4 言葉の意味　5 表記　6 漢字

2　生活場面を想定した問題で、実感をもって取り組むことができます。

小学生から社会人までを対象とする日本語検定では、各級受検者の世代や社会的な役割を想定し、出題内容をそれぞれの生活場面に合わせています。

3　得意な領域・不得意な領域がわかり、自分の日本語を見直すきっかけになります。

受検者一人ひとりに作成される個人カルテ（成績表）には、小問ごとの正誤のほか、領域別得点率なども記されます。これによって、自分の得意な領域やのばす必要のある領域がわかり、自分自身の日本語力を見直すことができます。

❷検定問題

6領域＋総合問題で日本語力を幅広く判定

総合問題

6領域の力を総合的に発揮しながら、文章や図表などを論理的に読み解き、その内容や言おうとすることを的確に捉えることができる。

敬語　場面や相手に応じて、尊敬語や謙譲語を適切に使い分けることができる。

文法　規範的な文法にしたがって語と語を連接させることができる。

語彙　さまざまな言葉を正しく理解し、適切に使うことができる。

言葉の意味　慣用句なども含め、意味と用法を的確に把握することができる。

表記　漢字、仮名遣い、送り仮名について、文脈に合った適切な使い方をすることができる。

漢字　漢字や熟語の読み方と意味を理解し、適切に使い分けることができる。

❸受検級について

受検級	認定級*	各級のレベル	受検の目安						
			社会人	大学生	高校生	中学生	小学校高学年	小学校中学年	小学校低学年
1級	1級／準1級	社会人上級レベル							
2級	2級／準2級	大学卒業～社会人中級レベル							
3級	3級／準3級	高校卒業～社会人基礎レベル							
4級	4級／準4級	中学校卒業レベル							
5級	5級／準5級	小学校卒業レベル							
6級	6級／準6級	小学校4年生レベル							
7級	7級／準7級	小学校2年生レベル							

＊得点率に応じて、２種類の認定があります。

❹受検時間について（一般会場）

級	受検時間	検定開始	級	受検時間	検定開始
1級	60分	13：30	2級	60分	11：00
3級	60分	13：30	4級	50分	11：00
5級	50分	13：30	6級	50分	11：00
7級	50分	13：30			

＊検定開始時刻が異なる級に限り、併願受検も可能です。

❺認定の基準について

日本語の総合的な能力を測る

6つの領域でバランスよく得点することが必要です。

領域別得点率が50%に満たない領域がある場合には、認定されません（7級を除く）。

総合得点率と領域別得点率の両方の基準を満たすことで認定されます。

認定級	総合得点率	領域別得点率
1級	80%程度以上	50%以上
準1級	70%程度以上	
2級	75%程度以上	
準2級	65%程度以上	
3級	70%程度以上	
準3級	60%程度以上	
4級	70%程度以上	
準4級	60%程度以上	
5級	70%程度以上	
準5級	60%程度以上	
6級	70%程度以上	
準6級	60%程度以上	
7級	70%程度以上	領域なし
準7級	60%程度以上	

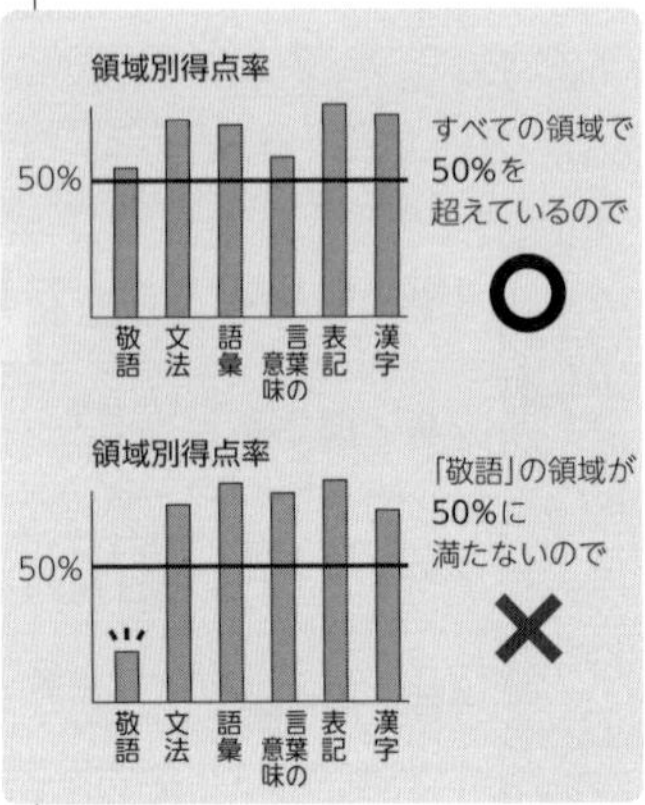

❻個人受検の流れ

＊団体受検につきましては、日本語検定委員会事務局までお問い合わせください。

1. お申し込み・受検料の支払い ＊お支払い後の取り消し・返金・級の変更・次回検定への繰り越しはできませんのでご注意ください。	**①インターネットからのお申し込み** 日本語検定ホームページから、お申し込みと受検料のお支払いができます。 ＊お支払いは、クレジットカード・ペイジー・コンビニ決済・キャリア決済・コード決済から選択できます。  ＊お申し込みページはこちら **②店頭でのお申し込み** 取扱書店・商工会議所・代理店に申し込み、受検料をお支払いください。 「書店払込証書」または領収書(「払込受領証」等)を受け取り、出願書類を送付(下記2)してください。 **③郵送でのお申し込み** 郵便局または銀行の下記口座に受検料を振り込み、「払込受領証」を受け取り、出願書類を送付(下記2)してください。 [郵便振替] 口座番号　00190-3-578318 特定非営利活動法人　日本語検定委員会 [銀行振込] 三菱UFJ銀行　王子支店 普通口座　0023774 カナ　トクヒ)ニホンゴケンテイイインカイ 名義　特定非営利活動法人　日本語検定委員会
2. 出願書類の送付 ＊ホームページからの申し込みの場合を除きます。	願書に必要事項を記入し、「書店払込証書」または領収書(「払込受領証」等)を、返信用63円切手とともに専用封筒に入れ、委員会事務局へ郵送してください。 **【願書提出先】** 特定非営利活動法人　日本語検定委員会　委員会事務局 〒114-8524　東京都北区堀船2-17-1 ＊受検料をお支払いになっていても、上記書類が未着の場合はお申し込みが無効となりますのでご注意ください。
3. 受検票の受け取り	検定日の約1週間前
4. 受検	検定日
5. ホームページ上での解答速報閲覧	検定日の数日後
6. ホームページ上での合否速報閲覧	検定日の約25日後
7. 個人カルテ・認定証の受け取り	検定日の約35日後

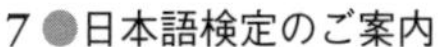

❼ 2024（令和6）年度　日本語検定　実施予定

第1回（通算第35回）

6月15日（土）：一般会場

6月14日（金）・15日（土）：準会場

●申込期間：3月1日（金）～ 5月17日（金）＊5月18日（土）消印有効

第2回（通算第36回）

11月9日（土）：一般会場

11月8日（金）・9日（土）：準会場

●申込期間：8月1日（木）～ 10月11日（金）＊10月12日（土）消印有効

●お問い合わせ・手続き取扱窓口

特定非営利活動法人
日本語検定委員会　委員会事務局
〒114-8524　東京都北区堀船2-17-1
0120-55-2858
午前9:30～午後4:30（土・日・祝日を除く）https://www.nihongokentei.jp

令和5（2023）年度　第1回

日本語検定

検定問題

受検上の注意

1. 問題用紙は、検定監督者の合図があってからひらいてください。
2. ページの順番が違う場合や、字が見えにくいような汚れがある場合などは取り替えますので、ただちに検定監督者に申し出てください。
3. 答案用紙に、受検番号と氏名が書いてある受検者番号シールを貼り付けてください。（線で囲んである「受検者番号シール貼り付け欄」に貼り付けてください。）
4. 問題内容についての質問には答えられません。
5. 途中退場する場合は挙手をして、検定監督者に申し出てください。

●検定実施：2023 年 6 月 10 日
●受検時間：50 分

特定非営利活動法人
日本語検定委員会

問1

【　　】のような場面で、（　　）に入る最も適切な言い方を一つ選んで、番号で答えてください。

一　【吹奏楽部の発表会の最後に、司会者があいさつをして】
私たちの演奏を（　　）、いかがでしたか。
［**1** お聞きして　**2** お聞きになって　**3** お聞きなさられて］

二　【ショッピングモールの休憩スペースの注意書きに】
休憩スペースの長時間の使用は（　　）。
［**1** ご遠慮してください　**2** ご遠慮ください　**3** ご遠慮されてください］

三　【来月からの海外勤務が決まった伯母と電話で】
伯母さんは来月からアメリカで勤務なさると、父から（　　）。
［**1** 聞きました　**2** お聞きしました　**3** お聞きになりました］

四　【図書委員長の先輩に、明日の委員会に出席できるかどうかたずねられて】
はい、（　　）。
［**1** ご出席します　**2** 出席いたされます　**3** 出席いたします］

五　【博物館の受付で、音声ガイドを借りようとして】
二人分の音声ガイドを（　　）のですが、料金はいくらでしょうか。
［**1** お借りしたい　**2** お借りされたい　**3** お借りになられたい］

問2　【　　】のような場面で、（　　）に入る適切な敬語を［　　］から一つ選んで、番号で答えてください。（当てはめるとき、「いらっしゃる」が「いらっしゃっ（て）」となるように、形が変わることもあります。）同じ番号を何度使ってもかまいません。

一　【友人の家で、友人の父から飲み物をすすめられて】

ありがとうございます。私は紅茶を（　　）ます。

二　【自宅の庭でとれた野菜を送ったことを、電話で叔父に伝えて】

明日には届くと思います。どうぞみなさんで（　　）てください。

三　【遊園地の開園一周年イベントを告知するちらしに】

当日ご来園の皆様には、記念グッズを（　　）ます。

四　【文化祭の美術部の展示を見に来た人に、部員が】

私たちの作品を（　　）たご感想を、ぜひ聞かせてください。

1 いらっしゃる	2 伺う	3 おっしゃる	4 ご覧になる
5 差しあげる	6 いただく	7 召しあがる	

問3 一～五のようなことを言うとき、（　　）の部分はどちらの言い方が適切でしょうか。適切なほうを選んで、番号で答えてください。

一　志望していた専門学校に入学することができたので、デザイナーになる夢を（**1** かなえられる　**2** かなえれる）ように、がんばりたい。

二　秋が（**1** 足早く　**2** 足早に）通り過ぎ、寒い冬がやってきた。

三　私がもらったお年玉なのだから、好きなことに（**1** 使わせ　**2** 使わさせ）てほしい。

四　心ない言葉を浴びせられて、（**1** ひどく　**2** ひどい）傷ついた。

五　一年間ダンスのレッスンを（**1** 続けてこれ　**2** 続けてこられ）たのは、レッスンが終わった後に、ダンス教室のとなりにあるカフェでおいしいパンケーキを食べる楽しみがあったからだ。

問4

次の会話は、中学三年生の青山さんが、中学一年生の妹と、ショッピングモールの中にある映画館に行ったときの、チケット売り場の係員との会話です。
ア～**オ**の――部分が適切な言い方ならば ○ を、不適切な言い方ならば × を記入してください。

【青山】すみません、午後二時からの映画を**ア**お目にかかりたいのですが。

【係員】はい、二時からの回ですね。何名様ですか。

【青山】二名です。中学生のチケットを二枚**イ**お願いします。

【係員】中学生の方の料金は千円ですので、合計二千円です。もし、このショッピングモール内の店舗(てんぽ)で、二千円以上のお買い物を**ウ**されたことがわかるレシートがあれば、二百円の割引が可能ですが、レシートは**エ**お持ちしていますか。

【青山】一階のハンバーガーショップと三階の書店のレシートならあります。使えますか。

【係員】はい、**オ**ご使用できます。割引のチケットを発券しますので、少々お待ちください。

問5 【　　】の中のことが最もはっきりと伝わる文はどれでしょうか。番号で答えてください。

一　【田中さんが話していたのは二週間前】

1　田中さんはパンダを二週間前に見たと話していた。
2　田中さんはパンダを見たと二週間前に話していた。
3　田中さんは二週間前にパンダを見たと話していた。

二　【弟を迎えに行ったのは私と母】

1　私は駅まで母と弟を迎えに行った。
2　私は母と弟を駅まで迎えに行った。
3　私は母と駅まで弟を迎えに行った。

三　【楽しそうだったのは妹】

1　父は本を読んでいる妹の様子を楽しそうに見ていた。
2　父は本を楽しそうに読んでいる妹の様子を見ていた。
3　父は楽しそうに本を読んでいる妹の様子を見ていた。

問6 一〜三は、【　　　】の中の言葉と似た意味を表す言葉を、四〜六は、【　　　】の中の言葉と反対の意味を表す言葉を選んで、番号で答えてください。

◎似た意味を表す言葉

一 **【簡素】**

［ **1** 平素　**2** 素行　**3** 質素 ］

二 **【温厚】**

［ **1** 調和　**2** 平和　**3** 柔和（にゅうわ） ］

三 **【みっともない】**

［ **1** 堅苦（かた）しい　**2** 見苦しい　**3** 心苦しい ］

◎反対の意味を表す言葉

四 **【破壊（はかい）】**

［ **1** 存在　**2** 完成　**3** 創造 ］

五 **【親密】**

［ **1** 対決　**2** 排除（はいじょ）　**3** 疎遠（そえん） ］

六 **【拾得（しゅうとく）】**

［ **1** 遺失　**2** 過失　**3** 消失 ］

問7

一〜四の【　　】の中の二つの言葉は、表す意味のうえでどんな関係になっているでしょうか。同じ関係になっている組み合わせを一つ選んで、番号で答えてください。どちらの言葉が前で、どちらの言葉が後になっているかということにも注意してください。

一　**【病院――診療（しんりょう）】**

［1 鉄道――駅　2 学校――授業　3 販売（はんばい）――商店　4 ラジオ――新聞］

二　**【こしょう――塩】**

［1 筆記――ボールペン　2 洋服――セーター　3 切手――手紙　4 テニス――卓球（たっきゅう）］

三　**【さばさば――擬態語（ぎたいご）】**

［1 方言――共通語　2 謙譲（けんじょう）語――尊敬語　3 フランス語――英語　4 フライパン――外来語］

四　**【自転車――タイヤ】**

［1 温泉――ホテル　2 テレビ――番組　3 ピアノ――けんばん　4 楽器――リコーダー］

問8 一～四の（　　）に入る言葉として、最もふさわしいものはどれでしょうか。番号で答えてください。

一　議長は常に（　　）の立場で、会議の進行に努めるべきだ。

［1 公立　2 中立　3 対立］

二　入学試験当日、家族の前では（　　）をよそおっていたが、実はとても緊張していた。

［1 平然　2 平静　3 平常］

三　インフルエンザの流行がいつ（　　）するのか、予測するのは難しい。

［1 終息　2 終着　3 終末］

四　校内選挙によって選ばれた今年度の生徒会長が、全校生徒の前で自らの（　　）を述べた。

［1 音信　2 威信　3 所信］

問9

一～四の二組の文について、ア・イどちらの（　　）にも当てはまる言葉を［　］から一つ選んで、番号で答えてください。（当てはめるとき、「くらい」が「くらく(て)」となるように、形が変わることもあります。）

一
ア　この内戦には、国内の武装組織だけでなく、周辺国や欧米諸国も（　　）関わっているそうだ。
イ　私が家族と初めてここを訪れたのは、秋も（　　）なった十一月のことだった。

二
ア　警察の発表によると、この事件は顔見知りによる犯行の疑いが（　　）ということだ。
イ　辺りは（　　）霧に包まれていて、十メートル先もよく見えないくらいだ。

三
ア　この工芸品は、（　　）技術を持った熟練の職人にしか作れない。
イ　借りたい本が本棚の（　　）ところにあって、手が届かない。

四
ア　「春一番」とは、立春を過ぎてから初めて吹く、（　　）南風のことだ。
イ　意外にも、比較的暑さに（　　）種類のペンギンもいるそうだ。

1 くらい　2 つよい　3 たかい　4 あやしい　5 ふかい　6 こい

問10

一〜四の見出しに掲げた言葉は、一方の文では適切に使われていますが、もう一方の文では適切に使われているとはいえません。適切に使われているほうの文を選んで、番号で答えてください。

一【もっぱら】

1 父の愛読書を読んでみたが、何が書いてあるのかもっぱら分からない。

2 放課後はもっぱら図書館に行って本を読んでいる。

二【馬耳東風】

1 練習に遅刻してくる後輩に何回も忠告したが、馬耳東風のようだ。

2 いきなり英単語の抜き打ちテストを行うなんて、馬耳東風だ。

三【後の祭り】

1　部活動の方針をめぐって意見が対立したが、話し合いによってむしろチームの結束は強まり、後の祭りになった。

2　試験の申し込み期限を過ぎてしまったので、今から書類を提出しても後の祭りだ。

四【二つ返事】

1　姉に、父に言われたお使いを代わってもらえないかと頼んだら、二つ返事で引き受けてくれた。

2　田村さんにテニス部の会計係を頼んだら、二つ返事で断られてしまった。

問11

次の会話は、高校生の古川さんと中村さんとのやりとりです。ア〜オに当てはまる言葉を選んで、番号で答えてください。


【古川】この前のピアノコンクール、入賞おめでとう。

【中村】ありがとう。でも、初めての全国大会で頭が（　**ア**　）になってしまって、思ったように演奏できなかった。金賞をとれなくて本当に悔しいよ。逃がした（　**イ**　）は大きいね。

【古川】でも、入賞だってすごいことだと思う。それに、今回（　**ウ**　）経験も、きっと君の力になるよ。

【中村】そうだね。さっそく次のコンクールに向けて、猛練習しないと。

【古川】ところで、来週にはテストがあるよね。今回は出題の範囲が広いから、ピアノも勉強も両方がんばるのはたいへんだと思うけど、大丈夫なの。

【中村】あ、すっかり忘れていたよ。たしかに、ピアノも勉強も（　**エ**　）になりそうだから、今は勉強に集中しよう。テストが終わったら、（　**オ**　）で、コンクールに向けて特訓しようかな。

【古川】テストもピアノも、どっちもがんばってね。

【中村】ありがとう。これからもがんばるよ。

ア……**1** 真っ青　**2** 真っ赤　**3** 真っ白
イ……**1** 真珠　**2** けもの　**3** 魚
ウ……**1** 涙をのんだ　**2** 口をすべらせた　**3** 息を切らした
エ……**1** あぶはち取らず　**2** 猿も木から落ちる　**3** とらぬたぬきの皮算用
オ……**1** 一挙両得　**2** 一意専心　**3** 一進一退

問12

次の文章は、中学生の上田さんが、伯母にあてて書いた手紙の下書きです。この中に、漢字の使い方・送り仮名の付け方・仮名遣いについて、不適切なものがあります。ア〜セの――部分が適切な表記ならば ○ を、不適切な表記ならば × を記入してください。

ア拝啓

さわやかな風が心地よい季節になりました。おばさまにはお元気にお過ごしのことと思います。

さて、先日は「世界のクッキーイ博覧会」のウ招体券をありがとうございました。この間のエ周末に、友人と出かけてきたのですが、クッキーにはとてもオ多用な種類があることに驚かされました。ケーキのように切り分ける大きなものから、カ薄く焼いたうえで筒のように巻くもの、団子のように丸めたものなど、形だけをとってみても、私の想像を超えたものがたくさんありました。

また、会場のあちこちにそれぞれのクッキーをキ解説するパネルがあり、これもおもしろかったです。チョコチップクッキーが失敗から生まれたことや、そもそもチョコレートは植民地政策によって欧米にもたらされたもので、現地の人のク従労働により生産されていたことなど、初めて知ることがたくさんありました。ほかにも、宗教の事情から誕生したもの、敬愛する王妃へささげるために作られたものなど、クッキーにはさまざまなケ由来があるようです。

さらに、実演コーナーでは職人たちのたくみな手さばきを近くで見ることができました。実演が終わった後、コ手づくりのクッキーがその場でふるまわれました。出来たてのクッキーはとてもおいしかったです。サ改ためて、シ貴重な券をありがとうございました。

この手紙といっしょにお送りした箱は、会場で購入した「世界一周クッキーセット」という、世界各国のス大表的なクッキーの詰め合わせです。個性豊かなセあぢわいを楽しんでいただけたらうれしいです。

…………

問13 一〜四の文には、パソコンなどで入力したときの変換(へんかん)ミスが一つずつあります。変換ミスを含(ふく)む言葉の正しい漢字での書き方を、**楷書**(かいしょ)で記入してください。(例：バスは時間どおりに発射した。 解答●発車)

一　私が住む地域では、小学校の休業日に校庭や体育館が解法されており、さまざまな団体が利用している。

二　地球温暖化は、自然環境や人間の生活に申告な影響を及ぼしている。

三　近い将来、科学技術によって人口的に気象を操作することが可能になるかもしれない。

四　今年のワールドカップは、一回戦で優勝候補のチームが相次いで破れるという波乱があった。

問14

一〜四の――部分について、漢字には**ひらがな**でその読み方を、カタカナには**漢字**での書き表し方を、解答欄に記入してください。

一 この絵本は、子ども向けの作品という体裁をとっているが、内容は大人にも読みごたえがあるものだ。

二 猿の世界では、群れを率いるボスの座をめぐって、しばしば争いが起こる。

三 この建物は複雑なコウゾウをしている。

四 昨日は、各局のニュース番組が放送時間の大半をサいて、大雨による被害状況を伝えていた。

問15 一～五のア・イの（　　）に入る漢字として適切なものを、それぞれの【　　】の中から選んで、番号で答えてください。同じ番号を二度使ってもかまいません。

一【1 添　2 展　3 点】

ア 私のいとこは、パリで個（　　）を開いたこともある著名なアーティストだ。

イ 来週開かれるスピーチ大会の原稿を、先生に（　　）削してもらった。

二【1 清　2 請　3 晴】

ア 健康を維持するために、身の回りをいつでも（　　）潔に保つことが大切だ。

イ 早めにパスポートを申（　　）しないと、旅行に間に合わないよ。

三【1 迫　2 白　3 舶】

ア 彼女は裁判で無罪を勝ち取り、身の潔（　　）を証明した。

イ 初めてナイアガラの滝を間近で見たとき、その（　　）力に圧倒された。

四【1 帰　2 返】

ア　中西さんに貸した英語の参考書が、試験前になってようやく（　　）ってきた。

イ　七年前に打ち上げられた惑星探査機（わくせいたんさき）が、明日いよいよ地球に（　　）ってくるそうだ。

五【1 映　2 移】

ア　この湖は、天気の良い日には富士山の雄姿（ゆうし）が水面に（　　）ることで有名だ。

イ　この間までキャンプに夢中になっていた父だが、最近はお菓子（かし）作りに関心が（　　）ったようだ。

問16

次の文章は、漁業について、高校生の谷さんが資料をもとに書いたものです。これについて、後の質問に番号で答えてください。

あるテレビ番組で、年々魚がとれなくなっており、将来は気軽に食べられなくなるかもしれないということが報道されていました。大好きな魚料理が気軽に食べられなくなると思うと（　ア　）、*漁業の現状が心配になりました。そこで、日本の漁業の生産量とその変化について調べてみました。

図１は、漁業・養殖業の生産量の推移を示したグラフです。これを見ると、1980 年代以降、生産量は減少傾向にあります。特に減少が著しいのは沖合漁業と（　A　）で、沖合漁業は生産量が最も多かった（　B　）年代に比べると、現在は三分の一以下になっています。また、1970 年ごろは沖合漁業を上回って最も生産量が多かった（　A　）も、1970 年代後半から、生産量を大きく減らしています。魚好きの私にとって、これは非常に残念なデータでした。

（　イ　）。図２は、世界の漁業・養殖業の生産量の推移を表したグラフです。図から分かるように、世界全体の漁業・養殖業を合わせた全体の生産量は増加傾向にあります。ただし、とる漁業の生産量は1990 年ごろから停滞し、現在までずっと（　C　）トン前後で推移しています。一方、養殖業の生産量は増加を続けています。つまり、養殖業の生産量が全体の生産量を引き上げていると言えます。図から分かるように、近年、養殖業の生産量はとる漁業の生産量を上回っています。私は、大多数の水産物はとる漁業によって生産されているというイメージを持っていたので、世界全体では養殖業の生産量がとる漁業の生産量より多いことに驚かされると同時に、（　ウ　）と思いました。

いずれにせよ、魚のとれる量が減ると、養殖業の重要性は高まっていくように思われます。将来、私たちが食べる水産物のほとんどは養殖のものになっているかもしれません。ただ、（　エ　）、このままだと、今まで食べていた種類の魚や貝、海藻が食卓から消えてしまう可能性もあります。私たちがこれまでどおりに水産物を食べ続けるには、養殖技術のさらなる発展が不可欠だと思われます。そうすれば、今まで養殖できなかった魚を養殖したり、より低コストで大量に育てたりすることが可能になるはずです。今後、養殖業がどのように変化していくのか、注目したいと思います。

*漁業……「漁業」は、「水産業」の一種であり、さらに「漁業」は、沖合漁業や遠洋漁業などが含まれる「漁業」（とる漁業）と、「養殖業」（育てる漁業）に細分されます。本文では、水産業の一種としての「漁業」を「漁業」、それを細分した「漁業」（とる漁業）を「とる漁業」と記述しています。ただし、「漁業・養殖業」と記述した「漁業」は「とる漁業」のことを指します。

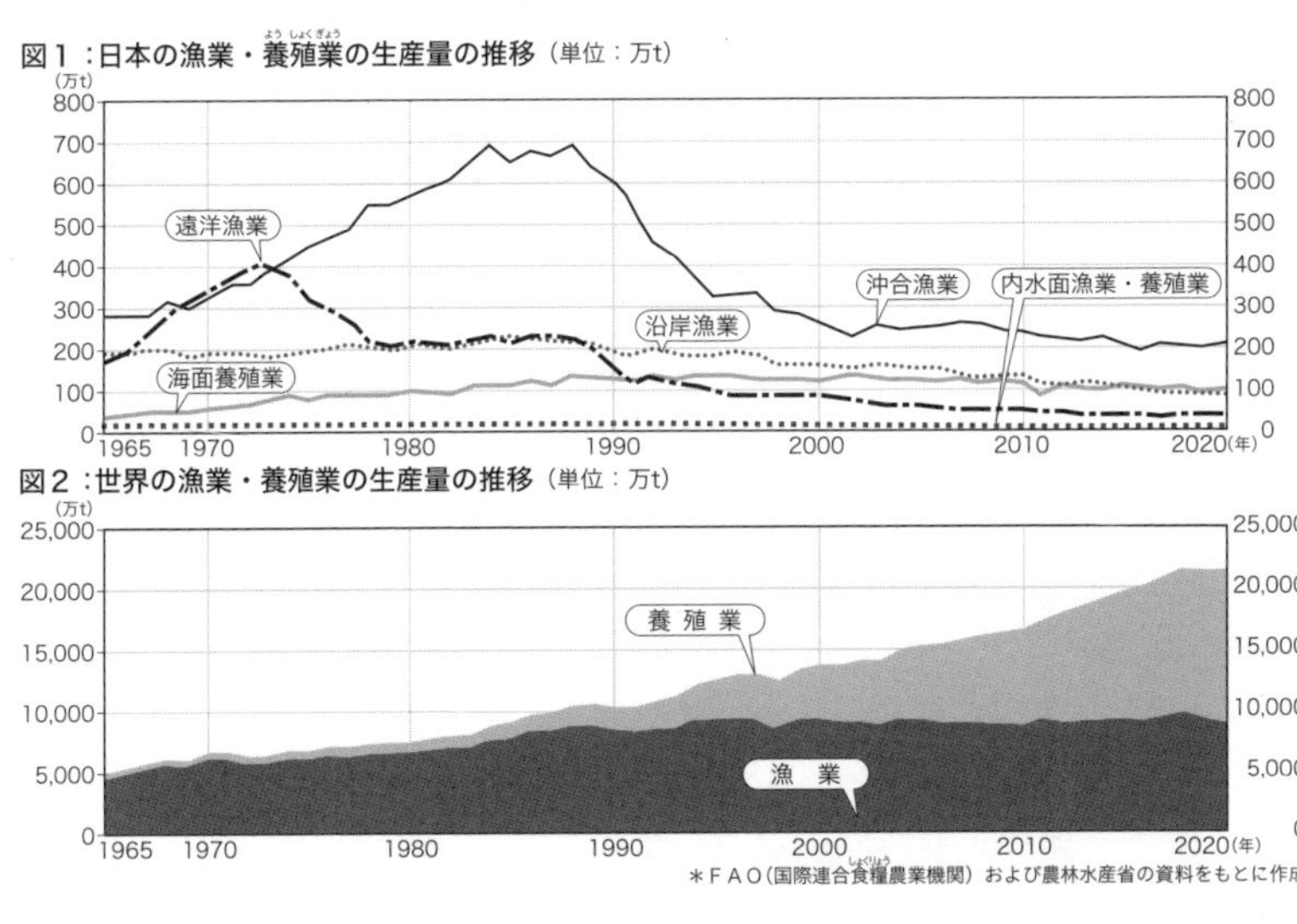

一　**ア**に入る言い方として、最も適切なものはどれでしょうか。

［**1** 胸が熱くなり　**2** 心が弾み　**3** 気が気でなく］

二　**A・B・C**に入る言い方の組み合わせとして最も適切なものはどれでしょうか。

［
1 A…遠洋漁業　B…1970　C…9万
2 A…沿岸漁業　B…1980　C…9000
3 A…遠洋漁業　B…1980　C…9000万
］

三　**イ**に入る言い方として、最も適切なものはどれでしょうか。

［
1 では、世界全体の生産量はどうなっているのでしょうか
2 さて、世界からは日本の漁業はどのようにみられているのでしょうか
3 ところで、世界の魚の消費量は急増しているようです
］

四　**ウ**に入る言い方として、最も適切なものはどれでしょうか。

［
1 日本でもいずれ養殖業の生産量がとる漁業の生産量を上回る可能性もあるのかもしれない
2 世界全体の水産資源が減り続けているということは疑う余地がない
3 養殖業の生産量が増えることによって、世界の食生活そのものが変化していくだろう
］

五　**エ**に入る言い方として、最も適切なものはどれでしょうか。

［
1 養殖によってとれる魚は加工が難しいものばかりで
2 世界的に養殖業の生産量はとる漁業の生産量より少なく
3 今はまだ養殖が難しい水産物も多く
］

問17 次の文章は、高校生の西田さんが「エスカレーターの利用の仕方」をテーマにして書いた文章です。これを読んで、後の質問に答えてください。

最近、駅などで「エスカレーターは歩かずに、立ち止まって利用してください」というアナウンスをよく耳にする。エスカレーターでは立ち止まることを義務づける条例が定められた自治体もあるようだ。

その背景には、エスカレーター内で多くの事故が発生しているということがある。最新の調査結果によると、国内では二年間で千五百件以上もの事故が起こっており、その事故の半数以上は転倒によるものだそうだ。そもそも、エスカレーターは立ち止まって利用することを前提として作られているため、（　**ア**　）。事故を未然に防ぐためにも、エスカレーターを立ち止まって利用することが大切なのだろう。

（　**イ**　）、現実には、エスカレーターを駆け上がっていく人もいまだに多い。特に朝夕の通勤・通学の時間には、多くの人がエスカレーター内で歩いたり走ったりしているのを見かける。**A** 私も、急いでいるときは立ち止まっている時間すら惜しいと思うことがあるので、こうした人たちの気持ちも分からないわけではない。

しかしながら、エスカレーターは多くの人が利用するものであり、その中には、さまざまな事情を抱えた人がいるはずだ。例えば、健康上の理由や身体的理由から手すりをつかまなければ安定して立っていられない人や、小さな子どもと手をつないで乗る必要のある人などである。**B** もしこのような人たちがエスカレーター内で歩いたり走ったりしている人と<u>**ウ**セッショク</u>した場合、大きな事故につながりかねず、非常に危険だ。先日も、エスカレーターを急いで下っている若い人が、エスカレーターの段の真ん中に立っていたお年寄りにぶつかって、あやうくお年寄りが転倒しかけるという場面を目の当たりにした。幸いどちらにもけがはなかったものの、一歩間違えれば大きな事故になっていただろう。

C エスカレーターは公共の施設であり、皆が安全に利用できるよう、エスカレーターを立ち止まって利用している人たちのことも考えることが大切だと反省した。

エスカレーターはたいへん便利で、多くの人が利用するからこそ、皆が安全で快適に利用できるように気づかう気持ちを忘れないようにしたい。**D** そしてそれはエスカレーターに限ったことではない。さまざまな人への配慮を怠らず、皆が気持ちよく過ごすことのできる社会であってほしい。そして私自身もそのような社会の一員として、自らの行動を省みていきたい。

一　アに入る言い方として最も適切なものを選んで、番号で答えてください。

1　事故が起こると緊急停止する機能がついているのだそうだ
2　歩くことによって事故が起こりやすくなるのは当然なのだそうだ
3　立ち止まって乗ったほうが早く進めるようになっているのだそうだ
4　歩いたり走ったりしなければ絶対に事故は起こらないのだそうだ

二　イに入る言葉として最も適切なものを選んで、番号で答えてください。

1　ところが　2　したがって　3　しかも　4　すなわち

三　ウ「セッショク」を楷書の漢字で書いてください。

四　空欄AからDのうち、次の文が入るのはどこでしょうか。最も適切なところを選んで、記号で答えてください。

思えば私自身、先を急ぐあまり、エスカレーターで立ち止まっているお年寄りや小さな子どもにぶつかりそうになったことが何度かある。

五　次のうち、筆者がこの文章で述べていることと合うものを一つ選んで、番号で答えてください。

1　エスカレーターは立ち止まって利用すべきだということを、もっと周知していく必要がある。
2　エスカレーターでの事故を防ぐには、歩く人のために片側を空けて立ち止まって利用することが重要だ。
3　急いでいるときは、エスカレーターを使わず、なるべく階段を利用するのが望ましい。
4　エスカレーターは公共の施設なので、ほかの利用者のことも考えて、安全に利用できるようにしたい。

答案用紙

日本語検定

令和5(2023)年度　第1回

注意

1. 下の「受検者番号シール貼り付け欄」に、受検番号と氏名が書いてある受検者番号シールを貼り付けてください。
2. 答案用紙は裏面まで続いていますので、注意してください。
3. 読みやすい字で、枠からはみ出さないように記入してください。
4. 間違えたところは、消しゴムを使用して、きれいに消してから記入してください。

受検者番号シール貼り付け欄

受検者番号シールを
貼ってください。

特定非営利活動法人

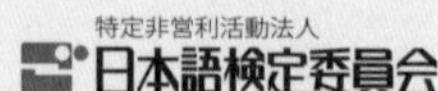

第1回　答案用紙

記入例

1

番号で答えるときは、このように算用数字で記入してください。

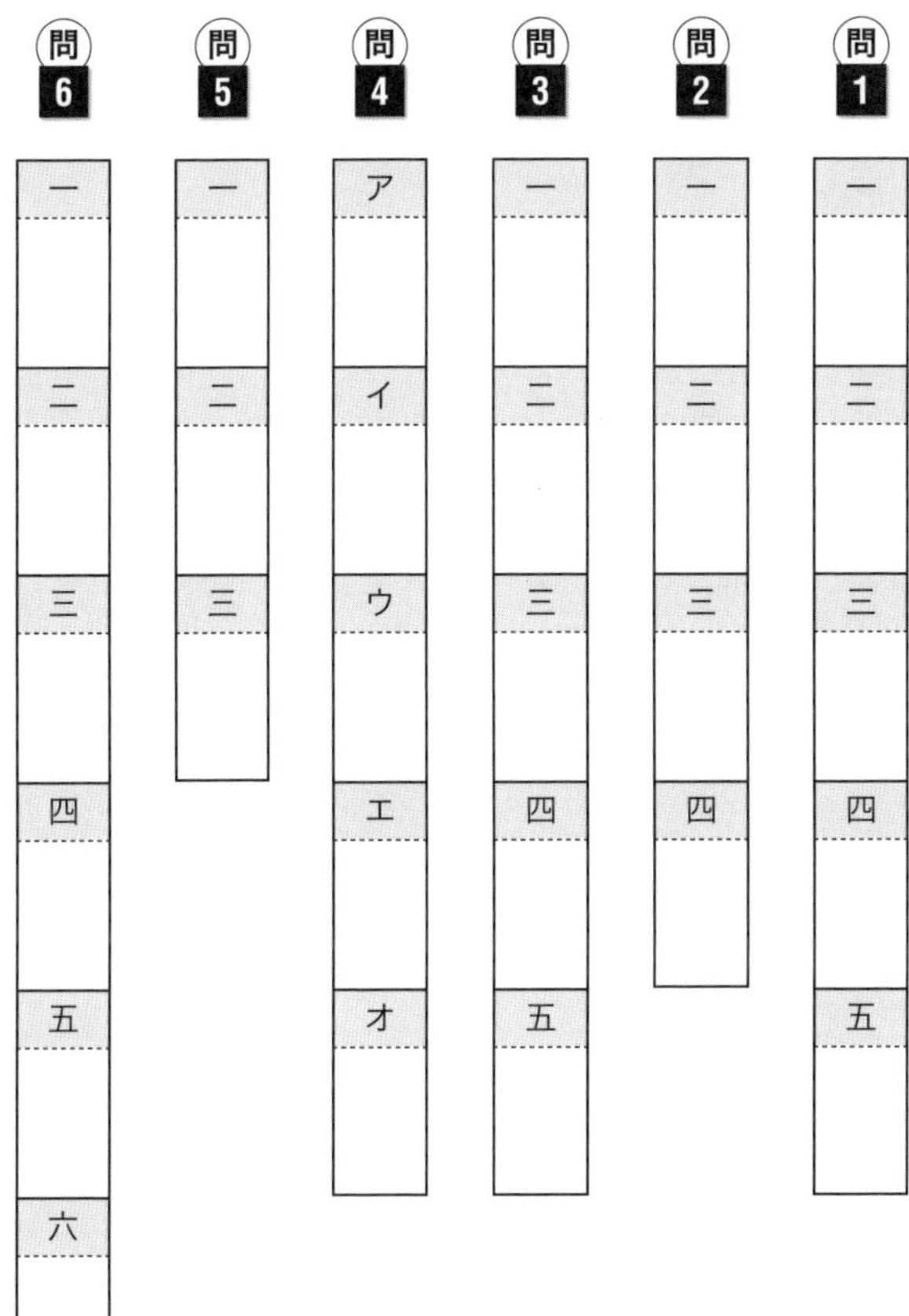

問 7
一
二
三
四

問 8
一
二
三
四

問 9
一
二
三
四

問 10
一
二
三
四

問 11
ア
イ
ウ
エ
オ

問 12
ア
イ
ウ
エ
オ
カ
キ
ク
ケ
コ
サ
シ
ス
セ

第1回　答案用紙

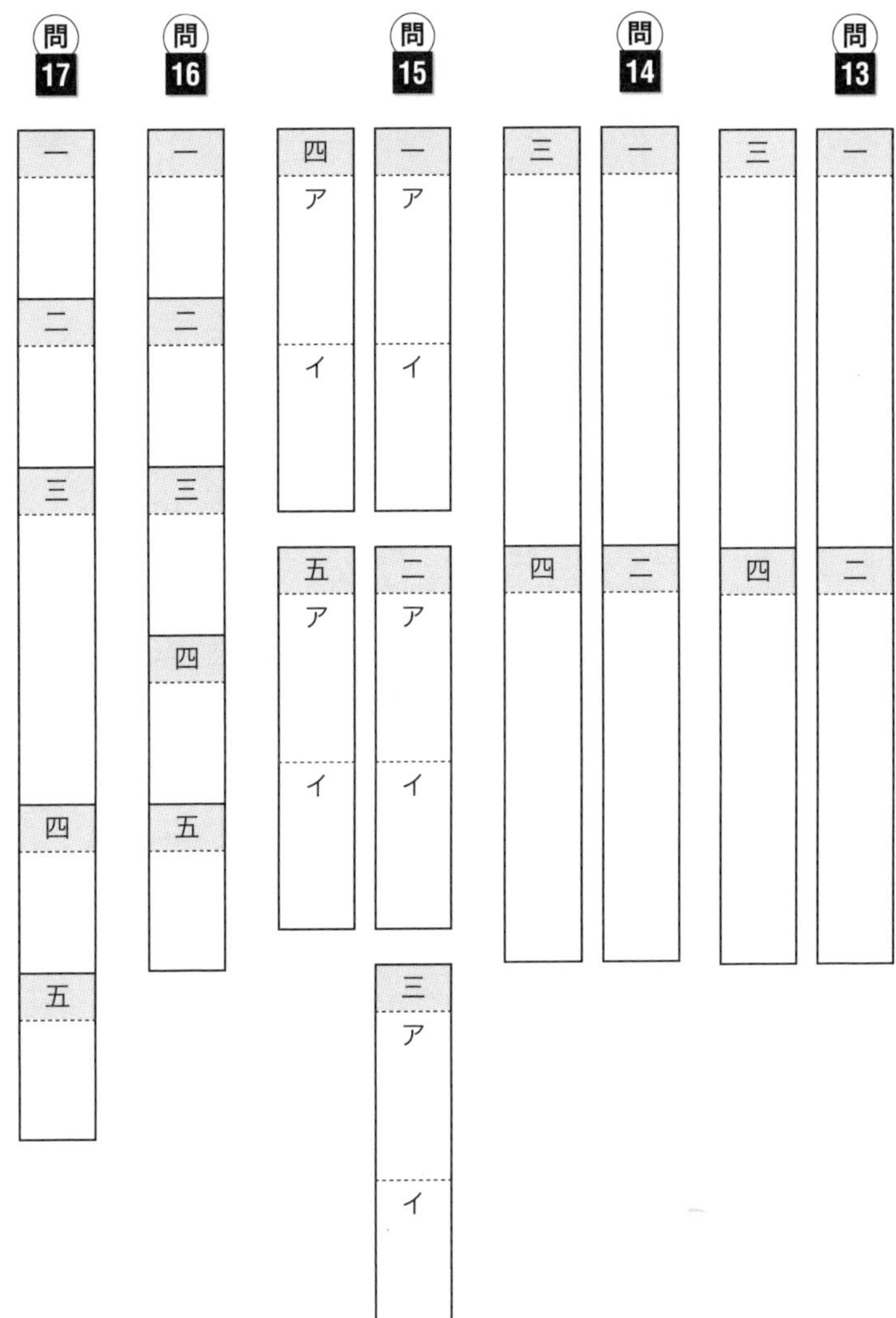

問1［敬語］

解答　一…2　二…2　三…1　四…3　五…1

解答のポイント　さまざまな相手や場面に応じて、相手を尊重し、敬う気持ちを表す言い方（敬語）が使われます。その際には、相手の行為やその人に関係する事柄などに使う尊敬語と、自分の側の行為や事柄などに使う謙譲語とを適切に使い分ける必要があります。特に、謙譲語には、「お〔ご〕～する」「申しあげる」のように、行為の向かう先の人物に対する敬意を表す謙譲語Ⅰと、「参る」「申す」のように、自分側の行為などを相手に対して丁重に述べる謙譲語Ⅱがあるので、注意しましょう。（「敬語の指針」平成十九年　文化審議会答申）

ここでは、尊敬表現の「お〔ご〕～になる」、謙譲表現の「お〔ご〕～する」など、いろいろな動詞に適用できる一般的な形を扱っています。

一　自分たちの演奏を発表会の来場者が「聞いた」ことを、「お～になる」という尊敬表現を使って言っている、2「お聞きになって」が適切です。1「お聞きして」は、「お～する」という謙譲表現を使っていて不適切です。3「お聞きなさられて」は、「お～なさる」という尊敬表現に尊敬の助動詞「れる」を付けた過剰敬語で不適切です。

二　休憩スペースの使用者が長時間使用することを「遠慮してくれる」ように、「ご～くださる」という尊敬表現を使って依頼している、２「ご遠慮ください」が適切です。１「ご遠慮してください」は、「ご～する」という謙譲表現を、「遠慮する」という相手の行為に使っているので不適切です。３「ご遠慮されてください」も、「ご～する」という謙譲表現を「遠慮する」という相手の行為に使っているので不適切です。

三　自分が父から「聞いた」ことを、尊敬語を使わず丁寧に言っている、１「聞きました」が適切です。２「お聞きしました」は、「お～する」という謙譲語Ⅰの形を使っており、身内である自分の父に対して敬意を表していることになるので不適切です。３「お聞きになりました」は、「お～になる」という尊敬表現を、自分の行為に使っていて不適切です。

四　自分が「出席する」ことを、「いたす」という謙譲表現を使って言っている、３「出席いたします」が適切です。１「ご出席します」は、「ご～する」という謙譲語Ⅰの形を、向かう先の人物のいない行為に使っていて不適切です。２「出席いたされます」は、「いたす」に尊敬の助動詞「れる」を付けた形で不適切です。

五　自分が「借りる」ことを、「お～する」という謙譲表現を使って言っている、１「お借りしたい」が適切です。２「お借りされたい」は、「お～する」という謙譲表現に尊敬の助動詞「れる」を付けた形で不適切です。３「お借りになられたい」は、自分の行為に「お～になる」という尊敬表現を使い、さらに尊敬の助動詞「れる」を付けた形で不適切です。

問2 ［敬語］

解答 一…6　二…7　三…5　四…4

解答のポイント 敬語には、特定の動詞の尊敬語として使われる「いらっしゃる」「おっしゃる」や、特定の動詞の謙譲(けんじょう)語として使われる「伺う」「いただく」などの言葉があります。尊敬語と謙譲語を取り違(ちが)えないよう注意しましょう。

一　自分が「飲む」ことを、謙譲語の6「いただく」を使って、「いただき（ます）」と言うのが適切です。

二　叔父の家族が「食べる」ことを、尊敬語の7「召しあがる」を使って、「召しあがっ（てください）」と言うのが適切です。

三　遊園地側が来園者にグッズを「与(あた)える」ことを、謙譲語の5「差しあげる」を使って、「差しあげ（ます）」と言うのが適切です。

四　展示を見に来た人が作品を「見る」ことを、尊敬語の4「ご覧になる」を使って、「ご覧になっ（た）」と言うのが適切です。

問3 ［文法］

解答 一…1　二…2　三…1　四…1　五…2

解答のポイント 動詞の可能表現と使役表現の形式など、言葉の決まりに則した語句の使い方についての問題です。

動詞や形容詞などの「用言」は、後に続く語句によって語形が変化（活用）します。用言を用いるときには、活用の決まりに則して使うことが大切です。

可能表現は、五段活用動詞では「未然形＋られる」「書く→書ける」「読む→読める」のように可能動詞を用い、上一段・下一段活用動詞では「未然形（こ）＋られる）」、カ行変格活用動詞の「くる（来る）」は「こられる（未然形（こ）＋られる）」、サ行変格活用動詞の「する」は「できる」を用いるのが規範的です。

使役表現は、五段活用動詞では「未然形＋せる」、上一段・下一段活用動詞では「未然形＋させる」、「くる（来る）」は「こさせる（未然形（こ）＋させる）」、「する」は「させる（未然形（さ）＋せる）」を用います。

近年、「見られる」「食べられる」を「見れる」「食べれる」とし、「こられる」を「これる」と言う「ら抜き言葉」がかなり広まってきています。また、「出せる」を「出せれる」と言う「れ足す言葉」、さらに「読ませる」を「読まさせる」とする「さ入れ言葉」も広まりつつありますが、いずれも現在は規範的な言い方としては認められていません。

一　「かなえる」は下一段活用動詞なので、可能表現は未然形「かなえ」に可能の助動詞「られる」を付けて、**1**「かなえられる」と言うのが適切です。**2**「かなえれる」は、「られる」の代わりに「れる」を付けた、「ら抜き言葉」です。

二　「足早」は形容動詞なので、用言に接続するときは、連用形を用いて、**2**「足早に」と言うのが適切です。**1**「足早く」は、「足早」を形容詞のように用い、形容詞の連用形の活用語尾である「く」を付けた形で、不適切です。

三　「使う」は五段活用動詞なので、使役表現は未然形「使わ」に使役の助動詞「せる」を付けて、**1**「使わせ（て）」と言うのが適切です。**2**「使わさせ（て）」は、「せる」の代わりに「させる」を付けた、「さ入れ言葉」です。

四　「ひどい」は形容詞なので、用言に接続するときは、連用形を用いて、**1**「ひどく」と言うのが適切です。**2**「ひどい（傷ついた）」という言い方は、形容詞の活用の決まりには則していません。

五　「続けてくる」の「くる（来る）」はカ行変格活用動詞なので、可能表現は未然形「こ」に可能の助動詞「られる」を付けて、**2**「続けてこられ（た）」と言うのが適切です。**1**「続けてこれ（た）」は、「られる」の代わりに「れる」を付けた、「ら抜き言葉」です。

問4 【敬語】

解答　ア…×　イ…○　ウ…○　エ…×　オ…×

解答のポイント　会話の中の言葉遣(づか)いを扱(あつか)っています。主に敬語に関する問題が出題されています。

ア　「お目にかかりたい」は、「会う」の謙譲(けんじょう)語「お目にかかる」を使っているので、映画を「見る」ことに用いると意味が通らず、不適切です。この場合、「見たい（のですが）」などと丁寧(ていねい)に述べるのが適切です。

イ　自分がチケットの購入(こうにゅう)を「願う」ことを、係員に対し、謙譲表現「お～する」を使って丁寧に述べている問題文は適切です。

ウ　客が買い物を「した」ということを、尊敬の助動詞「れる」を使って「された」と述べている問題文は適切です。

エ　客がレシートを「持っているか」どうかを、謙譲表現「お～する」を使って「お持ちしていますか」と尋(たず)ねている問題文は不適切です。尊敬表現「お～だ」を使って「お持ちですか」などと言うのが適切です。

オ　「ご使用できます」は、相手の行為に謙譲表現「ご～する」を使っていて不適切です。尊敬表現「ご～になる」を使って「ご使用になれます」などと言うのが適切です。

問5 ［文法］

解答　一…2　二…3　三…2

解答のポイント　意図することを正確に伝えるためには、修飾・被修飾の関係がはっきりした文にすることが大切です。その際には、語順を変える、読点を適切な位置に打つ、語句を補うなどの工夫が必要になります。

この問題では、入れる場所によって文の表す意味が変わる言葉を、どこに入れるのが適切かを考えます。

一　1は、「二週間前に」がかかる先を「見た」ととりやすいのですが、「見たと話していた」ととることもできるので、意味がはっきりしません。2は、「二週間前に」がかかる先が「話していた」に限定されるので、パンダを見たと話していたのが二週間前だということがはっきりします。3は、「二週間前に」がかかる先が「見た」と「話していた」のどちらともとれるので、パンダを見たのが二週間前なのか、パンダを見たと話していたのが二週間前なのか、はっきりしません。したがって、2が適切で、1と3は不適切です。

二　「弟を迎えに行ったのは私と母」ということが最も分かりやすいのは、「私は母と、駅まで弟を迎えに行った」という形で書かれた3です。1と2は、「私が迎えに行ったのは母と弟」とも読み取ることができるので、不適切です。

三　1は、「楽しそうに」がかかる先が「見ていた」に限定されるので、妹の様子を父が楽しそうに見ていたという意味になります。2は、「楽しそうに」がかかる先が「読んでいる」に限定されるので、妹が楽しそうに本を読んでいたという意味になり、楽しそうだったのは妹だということがはっきりします。3は、「楽しそうに」がかかる先が「本を読んでいる」と「見ていた」のどちらともとれるので、妹が楽しそうに本を読んでいたのか、妹の様子を父が楽しそうに見ていたのか、はっきりしません。したがって、2が適切で、1と3は不適切です。

問6　［語彙（ごい）］

解答　一…3　二…3　三…2　四…3　五…3　六…1

解答のポイント　似た意味を表す言葉（「類義語」といいます）と、反対の意味を表す言葉（「対義語」といいます）を選ぶ問題です。

一　「簡素」は、派手なものや余計なものがない様子を表す言葉です。似た意味を表す言葉は、暮らしぶりなどに無駄（むだ）や派手な点が見られない様子をいう、3「質素」です。1「平素」は、日常の生活のこと。2「素行」は、日常生活における行動のことです。

二　「温厚」は、常に穏やかで他人に優しく接する様子を表す言葉です。似た意味を表す言葉は、人柄が優しく、他人に穏やかな態度で接する様子をいう、**３**「柔和」です。**１**「調和」は、いくつかのものがうまくつり合って、全体としてととのっていること。**２**「平和」は、戦争や災害、心配事や争い事などがなく、安心して生活できる状態のことです。

三　「みっともない」は、体裁が悪く、見聞きするのが堪えられないと思う様子を表す言葉です。似た意味を表す言葉は、見るからに嫌な感じであり、人を不快にさせる様子をいう、**２**「見苦しい」です。**１**「堅苦しい」は、真面目な態度を崩さない様子、また、人を楽しませるような要素が感じられない様子。**３**「心苦しい」は、誰かの世話になるなどして、申し訳ないと思う様子です。

四　「破壊」は、物品や建造物、組織などを壊すことです。反対の意味を表す言葉は、何か新しいものをつくり出すことをいう、**３**「創造」です。**１**「存在」は、事実としてそこにあること。**２**「完成」は、すっかりできあがった状態になることです。

五　「親密」は、親しい仲にある様子を表す言葉です。反対の意味を表す言葉は、交際が絶えて親しみが薄れた様子をいう、**３**「疎遠」です。**１**「対決」は、争っている二つのものが相対して、事の決着をつけること。**２**「排除」は、そこにあってはいけないものとして、おしのけたり取りのぞいたりすることです。

六　「拾得」は、落とし物などを拾うことです。反対の意味を表す言葉は、物をなくすことをいう、**１**「遺失」です。**２**「過失」は、不注意などが原因で、そうするつもりはなかったのに生じた失敗のこと。3「消失」は、今まであったものがそこからなくなることです。

問7 [語彙]

解答 一…2　二…4　三…4　四…3

解答のポイント 言葉どうしの関係を考える問題です。ここでは、次の言葉の関係を扱っています。

◎ある場所を表す言葉と、そこで行われる行為を表す言葉
◎ある物事を表す言葉と、それと同じグループに含まれる物事を表す言葉
◎あるグループに属する言葉と、そのグループを表す言葉
◎ある物を表す言葉と、その物の一部を表す言葉

一「病院」では「診療」が行われますから、両者は「ある場所を表す言葉と、そこで行われる行為を表す言葉」という関係です。同じ関係になるのは2で、「学校」では「授業」が行われます。1は「鉄道」の施設の一つとして「駅」があるという関係。3は「商店」で商品が「販売」されますが、順番が逆です。4は、「ラジオ」と「新聞」はどちらも「マスコミ」の一種という関係です。

二「こしょう」と「塩」はどちらも「調味料」の一種ですから、両者は「ある物事を表す言葉と、それと同じグループに含まれる物事を表す言葉」という関係です。同じ関係になるのは4で、「テ

ニス」と「卓球」はどちらも「球技」の一種です。1の「筆記」は、「ボールペン」などの筆記具で行われます。2は、「洋服」の一種が「セーター」という関係です。3は、「手紙」などの郵便物を送る際、「切手」が必要になるという関係です。

三　「さばさば」は、物事の様子を表した「擬態語」の一つですから、両者は「あるグループに属する言葉と、そのグループを表す言葉」という関係です。同じ関係になるのは4で、「フライパン」は、英語が元になった「外来語」の一つです。1の「方言」は、ある地方だけで使われる言葉で、「共通語」は、一国内のどの場所でも通じる言語のこと。2の「謙譲語」と「尊敬語」は、どちらも敬語の一種という関係です。3の「フランス語」と「英語」は、どちらも言語の一種という関係です。

四　「自転車」には「タイヤ」がありますから、「ある物を表す言葉と、その物の一部を表す言葉」という関係です。同じ関係になっているのは3で、「ピアノ」には「けんばん」があります。1の「温泉」は地熱により熱され、地中から湧き出る湯のことで、「ホテル」は、西洋風の設備を備えた宿泊施設のこと。2は、「テレビ」で「番組」が放映されるという関係です。4は、「楽器」の一種が「リコーダー」であるという関係です。

問8 ［言葉の意味］

解答 一…2　二…2　三…1　四…3

解答のポイント 同じ漢字が含まれている熟語の使い分けの問題です。同じ漢字を含むために、意味のうえで共通するところがあるので、文の意味に沿った適切な言葉を選ばなければいけません。また、前後の言葉とのつながりについても注意が必要です。

一　立場の異なる二者のどちらにも味方をしないことをいう、2「中立」が適切です。1「公立」は、地方公共団体が設立し、管理・運営すること、また、その施設。3「対立」は、立場の異なる二者が自分の立場を主張して譲らないことです。

二　ふだんと同じように静かで落ち着いている様子をいう、2「平静」が適切です。しばしば「平静をよそおう」という形で使われます。1「平然」は、成功や失敗、他人からの批判などにも平気でいる様子。3「平常」は、突発的な事故や故障がなく、予定通りに物事が行われている状態のことです。

三　ある期間続いたことが終わること、やむことを表す、1「終息」が適切です。2「終着」は、乗り物などがその場所に最後に着くこと。3「終末」は、事件や小説が最後に行きつくところのことです。

四　その人がその問題や取り組みについて信じている事柄のことをいう、３「所信」が適切です。１「音信」は、手紙などによる知らせのこと。２「威信」は、外に示す威厳と、それに伴って外から受ける信頼感のことです。

問9 【言葉の意味】

解答　一…５　二…６　三…３　四…２

解答のポイント　**文脈によって複数の意味を表す言葉があります。二つの文で、それぞれ異なる意味で用いられている、同じ言葉を考える問題です。**

一　５「ふかい」が当てはまります。アの「ふかい」は、容易には抜け出せないほど、物事の奥まで入りこんでいる様子を表します。イの「ふかい」は、雰囲気や色、香りなどが強まって濃密になる様子を表します。

二　６「こい」が当てはまります。アの「こい」は、可能性や感情などの程度が高い様子を表します。イの「こい」は、その場所をすきまなくうめている様子を表します。

三　３「たかい」が当てはまります。アの「たかい」は、一般的な水準よりもすぐれている様子を表します。イの「たかい」は、基準とする位置から、上の方向への隔たりが大きい様子を表します。

四 2「つよい」が当てはまります。アの「つよい」は、自然現象などの勢いがある様子を表します。イの「つよい」は、外からの作用に対して耐える力や性質がある様子を表します。

問10 【言葉の意味】

解答 一…2　二…1　三…2　四…1

解答のポイント **使い方のうえで注意が必要な、さまざまな種類の言葉を取り上げています。**

一 **【もっぱら】**…ほかのことを脇に置いて、そのことだけに集中する様子を表す言葉で、2の使い方が適切です。1は、「さっぱり」などとするのが適切です。

二 **【馬耳東風】**…人の意見や批評を全く気にかけない様子を表す言葉で、1の使い方が適切です。2は、「寝耳に水」などとするのが適切です。

三 **【後の祭り】**…物事が終わってしまってからでは、もうどうしようもないということを表す言葉で、2の使い方が適切です。1のような使い方は、文脈に合わず、不適切です。

四 **【二つ返事】**…その場ですぐに承諾の返事をする様子を表す言葉なので、1が適切です。2は、「二つ返事で」を「にべもなく」などとするのが適切です。

問11 ［言葉の意味］

解答　ア…3　イ…3　ウ…1　エ…1　オ…2

解答のポイント　会話の流れにふさわしい慣用句などを考える問題です。

ア　驚きや緊張で何も考えることができなくなることを、「頭が真っ白になる」と言うので、**3**「真っ白」が適切です。**1**の「頭が真っ青になる」、**2**の「頭が真っ赤になる」という言い方は、一般にはしません。

イ　釣りあげたのに逃がしてしまった魚は実際より大きく見えるということから、手に入れかけたものやチャンスをおしんでくやむ気持ちを表す、**3**「（逃がした）魚（は大きい）」が適切です。**1**「逃がした真珠は大きい」**2**「逃がしたけものは大きい」という言い方は、一般にはしません。

ウ　悔しい気持ちをこらえることをいう、**1**「涙をのんだ」が適切です。**2**の「口をすべらせる」は、秘密などをうっかりしゃべってしまうことです。**3**の「息を切らす」は、走るなどして呼吸を乱すことです。

エ　あぶとはちを同時に捕えようとして、両方を逃がしてしまうことから、欲張って二つのものを求めようとして、かえってどちらも逃がしてしまうことをいう、**1**「あぶはち取らず」が適切です。**2**「猿も木から落ちる」は、木登りが上手な猿でも木から落ちることがあるということから、その道の名人でもときには失敗することもあるという言葉。３「とらぬたぬきの皮算用」は、不確実な事柄が実現すると期待して、計画を立てることです。

オ　一つのことに集中することをいう、２「一意専心」が適切です。１「一挙両得」は、一つのことをして二つの利益を得ること。３「一進一退」は、進んだり退いたり、よくなったり悪くなったりが繰り返される様子を表す言葉です。

問12 ［表記］

解答　ア…○　イ…○　ウ…×　エ…×　オ…×　カ…○　キ…○
ク…×　ケ…○　コ…○　サ…×　シ…○　ス…×　セ…×

解答のポイント　漢字の使い分けと送り仮名や仮名遣いの誤りが含まれている問題です。文章を見直すときは、特にこうした誤りに注意しましょう。なお、送り仮名については、「常用漢字表」および「送り仮名の付け方」（内閣告示　平成二十二年）を基準としています。

ア　**拝啓**…正しい書き表し方です。
イ　**博覧会**…正しい書き表し方です。
ウ　**招体券**…催しなどに客を招く券のことで、「招待券」が正しい書き表し方です。

エ　**周末**…週の終わりのことで、「週末」が正しい書き表し方です。

オ　**多用**…さまざまな種類がある様子で、「多様」が正しい書き表し方です。

カ　**薄く**…正しい書き表し方です。

キ　**解説**…正しい書き表し方です。

ク　**従労働**…肉体的に大きな負担がある労働のことで、「重労働」が正しい書き表し方です。

ケ　**由来**…正しい書き表し方です。

コ　**手づくり**…正しい書き表し方です。

サ　**改ためて**…「改めて」が正しい送り仮名です。活用のある語は、活用語尾から送るという原則に従って、連用形の活用語尾の「め」から送り仮名を付けます。

シ　**貴重**…正しい書き表し方です。

ス　**大表的**…全体を代表とするものと認められる様子のことで、「代表的」が正しい書き表し方です。

セ　**あぢわい**…「あじわい」が正しい書き表し方です。「ぢ」を用いるのは、「鼻血（はな＋ち）」のように二つの語が合わさってできた言葉のほか、「ちぢむ（縮む）」など一部の語に限られます。

問13　［表記］

解答　一…開放　二…深刻　三…人工的（に）　四…敗れる

解答のポイント **パソコンなどでの入力では、手書きでは考えられない誤りが生じることがあります。特に、同じ読み方をする言葉に注意が必要です。**

一 施設（しせつ）を部外者にも広く利用できるようにすることで、「開放」が正しい書き表し方です。「解法」は、問題を解く方法のことです。

二 危機が差し迫（せま）っていて、その対応に真剣（しんけん）に取り組まなければいけない様子のことで、「深刻」が正しい書き表し方です。「申告」は、規定に従って必要な事項（じこう）を届け出ることです。

三 自然物や自然の状態に対し、人間の手が加わる様子を表す「人工的（に）」が正しい書き表し方です。「人口」は、ある地域に住んでいる人の数のことです。

四 争い事やスポーツの試合などで負けることで、「敗れる」が正しい書き表し方です。「破れる」は、紙や布などの薄（うす）い物が傷ついて切れることです。

問14 【漢字】

解答 一…ていさい　二…ひき　三…構造　四…割

解答のポイント **漢字の読み方と書き方の問題です。**

一　一定の形式のことで、「ていさい」と読みます。
二　組織や集団をしたがえることで、「ひき（いる）」と読みます。
三　建物や機械などの構成の仕組みのことで、「構造」と書きます。
四　全体の中の一部を予定外の用途にあてることで、「割（く）」と書きます。

問15 ［漢字］

解答

一　ア…2　イ…1　　二　ア…1　イ…2　　三　ア…2　イ…1
四　ア…2　イ…1　　五　ア…1　イ…2

解答のポイント　**同音や同訓の漢字の使い分けの問題です。**

一　音読みで「テン」と読む漢字の使い分けです。アは、2「展」を入れて、その人だけの作品を出品する展覧会のことをいう、「個展」とするのが適切です。イは、1「添」を入れて、他人の書いた文章などを、語句を省いたり書き加えたりして良くすることをいう「添削」とするのが適切です。3「点」は、特定の場所、また、小さなしるしという意味を表す漢字です。

二　音読みで「セイ」と読む漢字の使い分けです。アは、1「清」を入れて、汚れがなく、きれいな様子をいう、「清潔」とするのが適切です。イは、2「請」を入れて、国や機関に許可や認可を願い出ることをいう「申請」とするのが適切です。**3**「晴」は、はれるという意味を表す漢字です。

三　音読みで「ハク」と読む漢字の使い分けです。**ア**は、**2**「白」を入れて、心や行いが正しくて少しもやましいところがない様子をいう、「潔白」とするのが適切です。**イ**は、**1**「迫」を入れて、見る人や聞く人の心に強く訴(うった)えかける力をいう「迫力」とするのが適切です。**3**「船」は、大きな船という意味を表す漢字です。

四　訓読みで「かえ（る）」と読む漢字の使い分けです。**ア**は、**2**「返」を入れて、他人に渡(わた)してあった物が、元の持ち主の所に戻(もど)ったという意味を表す、「返（ってきた）」とするのが適切です。**イ**は、**1**「帰」を入れて、人や乗り物などが出発点に戻るという意味を表す、「帰（ってくる）」とするのが適切です。

五　訓読みで「うつ（る）」と読む漢字の使い分けです。**ア**は、**1**「映」を入れて、人の姿やものの形が鏡や水面などに現れるという意味を表す、「映（る）」とするのが適切です。**イ**は、**2**「移」を入れて、関心の対象がほかの物に変わるという意味を表す、「移（った）」とするのが適切です。

問16【総合問題】

解答　一…3　二…3　三…1　四…1　五…3

解答のポイント　「漁業」について、資料をもとに考察した文章が題材になっています。表や図の正確な読み取りと、考察したことをどのように表現するのが適切であるのかが、問いの主な内容です。

一　アを含む文には「大好きな魚料理が気軽に食べられなくなると思うと」とあり、また、アの直後では「漁業の現状が心配に」なったという筆者の心情が述べられています。ですから、アには筆者が漁業のことを心配している様子を表す言葉が入ると考えられます。したがって、気がかりなことがあって落ち着かない様子を表す「気が気でない」を用いた、3「気が気でなく」が適切です。1の「胸が熱くなる」は、感動がこみ上げてくる様子、2の「心が弾む」は、楽しいことなどがあり、気分が高まる様子を表す言葉です。1、2は文脈に合わず、不適切です。

二　図1を見ると、1980年代以降、大きく数字を減らしているのは「沖合漁業」と「遠洋漁業」です。そして、1970年ごろに沖合漁業を上回って最も生産量が多かったのは「遠洋漁業」です。したがって、Aに入るのは「遠洋漁業」です。また、沖合漁業の生産量が最も多かったのは1980年代中ごろであることから、Bは「1980」が適切です。さらに、図2によると、とる漁業の生産量は9000万トン前後で推移しているため、Cは「9000万」が適切です。したがって、3が適切な組み合わせです。

三　イは、第三段落の冒頭(ぼうとう)の文です。直前の第二段落では、図1のデータをもとに、日本の漁業・養殖業の生産量について述べています。一方、第三段落では、図2を用いて、世界の漁業・養殖業の生産量について考察しています。すなわち、イは「日本の漁業・養殖業の生産量」から、「世界の漁業・養殖業の生産量」へと話題を転換（てんかん）する役割を果たしていると考えられます。したがって、**イ**に入る言い方は、前の段落の内容を受けて、「では、世界全体の生産量はどうなっているのでしょうか」と問うている、**1**が適切です。**2**「さて、世界からは日本の漁業はどのようにみられているのでしょうか」、**3**「ところで、世界の魚の消費量は急増しているようです」は、前後の文の内容とつながらず、不適切です。

四　この文章は、第一段落…漁業の現状が心配になり→第二・第三段落…日本と世界の漁業の現状について調べ→第四段落…分かった事実をもとに考えを述べる、という構成をとっています。**ウ**を含む文は第三段落末にあり、第二・第三段落で漁業の現状について調べた結果に考察を加え、第四段落の結論へとつなぐ役割をしていると考えられます。内容を詳（くわ）しく見ると、第二段落は日本の漁業・養殖業の生産量が減少していること、第三段落は世界では養殖業の生産量がとる漁業の生産量を上回っていることを述べています。この二つの事実に考察を加え、第四段落の冒頭の文の「魚のとれる量が減ると、養殖業の重要性が高まる」という考えを導くために、**ウ**には、魚のとれる量が減っている日本でも、世界全体と同様、養殖業が生産の主体になっていく可能性について述べた、**1**「日本でもいずれ養殖業の生産量がとる漁業の生産量を上回る可能性もあるのかもしれない」を入れるのが適切です。**2**「世界全体の水産資源が減り続けているということは疑う余地がない」は、**図2**や第三段落から読み取れる内容と合わず、不適切です。**3**「養殖業の生産量が増えることによって、世界の食生活そのものが変化していくだろう」は、第四段落の冒頭とつながらず、不適切です。

五　**エ**の前の文では、「将来、私たちが食べる水産物のほとんどは養殖のものになっているかもしれません」と述べられています。一方、**エ**の後には、「このままだと、今まで食べていた種類の魚や貝、海藻が食卓から消えてしまう可能性もあります。」とあります。つまり**エ**は、「私たちが食べる水産物のほとんどは養殖のものにな」ると、「今まで食べていた種類の魚や貝、海藻が食卓から消えてしまう可能性」が生じる理由を述べていると考えられます。さらに、続く文章に「私たちがこれまでどおりに水産物を食べ続けるには、養殖技術のさらなる発展が不可欠だと思われます」とあることから、その理由は養殖技術がまだ十分に発展していないことに起因する内容であると考えられます。したがって、**3**「今はまだ養殖が難しい水産物も多く」が適切です。**1**「養殖によってとれる魚は加工が難しいものばかりで」は、養殖技術でなく加工技術について述べている点が文脈に合わず、不適切です。**2**「世界的に養殖業の生産量はとる漁業の生産量より少なく」は、第三段落で述べられている内容と一致せず、不適切です。

問17 【総合問題】

解答　一…2　二…1　三…接触　四…C　五…4

解答のポイント　長文問題です。文章全体の流れを理解するとともに、細部にまで気を配って読むことが必要です。

一　アの直後の文に「事故を未然に防ぐためにも、エスカレーターを立ち止まって利用することが大切なのだろう」とあることから、アには「エスカレーターを立ち止まらずに利用することが事故につながっている」という内容が入ると考えられます。したがって、２「歩くことによって事故が起こりやすくなるのは当然なのだそうだ」が適切です。１「事故が起こると緊急停止する機能がついているのだそうだ」、３「立ち止まって乗ったほうが早く進めるようになっているのだそうだ」は、直後の文とつながらず、不適切です。４「歩いたり走ったりしなければ絶対に事故は起こらないのだそうだ」は、「事故の半数以上は転倒によるものだそうだ」という記述から、全ての事故が「歩いたり走ったりすること」に起因しているわけではないと考えられるため、「歩いたり走ったりしなければ絶対に事故は起こらない」ことと一致せず、不適切です。

二　イは第三段落の冒頭にあります。その前の第二段落では、エスカレーター内で多くの事故が発生していることから、「エスカレーターを立ち止まって利用することが大切だ」という筆者の意見が述べられています。それに対し、イから始まる第三段落では、現実には、エスカレーターを駆け上がっていく人が多いということが述べられています。つまり、第三段落は第二段落で述べた内容に反する状況があるということを述べていることが分かります。したがって、前に述べた内容に対して、後に続く内容が反するものである際に用いる、１「ところが」が適切です。２「したがって」は、前に述べたことを理由や根拠として何かを述べる際に用いる言葉です。3「しかも」は、前に述べたことに加えて、さらにある事柄が成立することを述べる際に用いる言葉です。4「すなわち」は、前の内容を要約して言うときに用いる言葉です。2、3、4はいずれも文脈に合わず、不適切です。

三　人や物どうしが触れ合うことで、「接触」が正しい書き表し方です。

四　問題となる文では、筆者がエスカレーターで歩いた結果、お年寄りや小さな子どもにぶつかりそうになったことがあるという経験が述べられています。そして、冒頭に「思えば私自身」とあることから、この経験は前に述べた事柄を筆者自身に置きかえて述べたものであると考えられます。したがって、第四段落後半部の「エスカレーターを急いで下っている若い人」が、「エスカレーターの段の真ん中に立っていたお年寄りにぶつかっ」た場面について述べた部分に続く、空欄Cが適切です。Aは、ここに問題となる文を入れると、「私自身」の経験を述べた後に、「私も」と続くことになり、不適切です。BとDは、直前に述べられている事柄が、挿入する文で「私自身」の経験として述べられている内容と合わず、不適切です。

五　第五段落に「エスカレーターは公共の施設であり、皆が安全に利用できるよう、エスカレーターを立ち止まって利用している人たちのことも考えることが大切だ」とあり、また、第六段落に「エスカレーターはたいへん便利で、多くの人が利用するからこそ、皆が安全で快適に利用できるように気づかう気持ちを忘れないようにしたい」とあるので、これらを言いかえた、4「エスカレーターは公共の施設なので、ほかの利用者のことも考えて、安全に利用できるようにしたい。」が適切です。**1**「エスカレーターは立ち止まって利用すべきだということを、もっと周知していく必要がある。」は、本文では、エスカレーターは立ち止まって利用すべきだということは述べられているものの、それについて周知していく必要があるということについては述べておらず、不適切です。**2**「エスカレーターでの事故を防ぐには、歩く人のために片側を空けて立ち止まって利用することが重要だ。」は、歩く人のために片側を空けるということが、エスカレーター内で歩いたり走ったりするのは危険であるという筆者の考えと一致せず、不適切です。**3**「急いでいるときは、エスカレーターを使わず、なるべく階段を利用するのが望ましい。」は、第三段落から第四段落にかけて、急いでいる人がエスカレーターを歩いたり走ったりすることに言及(げんきゅう)しているものの、急いでいる人が階段を利用するのが望ましいとは述べられておらず、不適切です。

検定問題

日本語検定

令和5（2023）年度　第2回

4級

受検上の注意

1. 問題用紙は、検定監督者の合図があってからひらいてください。
2. ページの順番が違う場合や、字が見えにくいような汚れがある場合などは取り替えますので、ただちに検定監督者に申し出てください。
3. 答案用紙に、受検番号と氏名が書いてある受検者番号シールを貼り付けてください。（線で囲んである「受検者番号シール貼り付け欄」に貼り付けてください。）
4. 問題内容についての質問には答えられません。
5. 途中退場する場合は挙手をして、検定監督者に申し出てください。

●検定実施：2023年11月11日

●受検時間：50分

特定非営利活動法人

日本語検定委員会

問1

【　　】のような場面で、（　　）に入る最も適切な言い方を一つ選んで、番号で答えてください。

一　【デパートのアナウンスで】

西館のエスカレーターは現在点検中のため、（　　）。

［1 ご利用できません　2 ご利用になれません　3 ご利用になられません］

二　【担任の先生が学生時代に石器の研究をしていたと聞いて】

先生は、どういうきっかけで石器に興味を（　　）のですか。

［1 お持ちになられた　2 お持ちした　3 持たれた］

三　【美術部の部員が、文化祭の来場者から展示している絵画の作者を尋ねられて】

こちらの作品は、私たち美術部の部長が（　　）ものです。

［1 お描きされた　2 お描きした　3 描いた］

四　【デパートの店員が、客に落とし物について聞かれて】

恐れ入りますが、落とし物についてはサービスカウンターに（　　）。

［1 お尋ねください　2 お尋ねしてください　3 お尋ねされてください］

五　【文学賞を受賞した作家のサイン会で】

先生に（　　）、とてもうれしいです。

［1 お会いできて　2 お会いになれて　3 お会いされて］

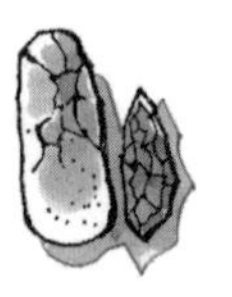

問2 【　　】のような場面で、（　　）に入る適切な敬語を［　］から一つ選んで、番号で答えてください。（当てはめるとき、「いらっしゃる」が「いらっしゃっ（て）」となるように、形が変わることもあります。）同じ番号を何度使ってもかまいません。

一 **【音楽の先生との会話で】**
先生は、先週、劇場でミュージカルを（　　）たそうですね。

二 **【先生から、生徒会役員の先輩を呼んでほしいと頼まれて】**
大谷先生が、野村先輩に職員室に来てほしいと（　　）ていました。

三 **【学校の昼休み中、部活動の顧問の先生に】**
今度の試合のことでご相談があるのですが、放課後、職員室に（　　）てもよろしいですか。

四 **【職場体験先の消防署で自己紹介をして】**
西中学校の宮田理子と（　　）ます。よろしくお願いいたします。

1 いらっしゃる　2 召しあがる　3 申す　4 伺う
5 ご覧になる　6 いただく　7 おっしゃる

問3

一～五のようなことを言うとき、（　　）の部分はどちらの言い方が適切でしょうか。適切なほうを選んで、番号で答えてください。

一　この箱は、ふたがゆがんでいるので、きちんと（1 閉じれ　2 閉じられ）ない。

二　久しぶりにランニングをしたら、あまりに（1 苦しいく　2 苦しく）て、運動不足を痛感した。

三　弟はとてもいたずら好きで、両親を（1 困らせ　2 困らさせ）てばかりいる。

四　お年玉をもらった妹は、ほしかった楽器がやっと（1 買える　2 買えれる）と喜んでいた。

五　この深い森は、迷い込んだら最後、二度と（1 出てこれ　2 出てこられ）ないと言われている。

次の会話は、中学生の山本さんと田口さんが、近所のハンバーガーショップへ行ったときの、店員とのやりとりです。ア～オの――部分が適切な言い方ならば ○ を、不適切な言い方ならば × を記入してください。

【店員】いらっしゃいませ。お客様は、店内で(ア)召しあがりますか。

【山本】はい。

【店員】では、ご注文をどうぞ。

【山本】ハンバーガーセットを二つ、お願いします。

【田口】一つはピクルス抜きでお願いします。私はピクルスが(イ)食べられなくて。

【店員】ハンバーガーセットを二つ、一つはピクルス抜きですね。

……

【店員】セットのポテトフライですが、ちょうど今、揚げている最中なので、三分ほど(ウ)お待ちいただくと、揚げたてをご提供できます。いかがいたしましょうか。

【山本】どうしようか。

【田口】せっかくなら揚げたてが食べたいので、待つことにします。

【店員】それでは、この番号札を(エ)お持ちされて、席に座ってお待ちください。追加のご注文などがございましたら、店員に(オ)おっしゃられてください。

【　　】の中のことが最もはっきりと伝わる文はどれでしょうか。番号で答えてください。

一　【岡本さんが話していたのは土曜日】

1　岡本さんはサッカーを土曜日にしたと話していた。
2　岡本さんはサッカーをしたと土曜日に話していた。
3　岡本さんは土曜日にサッカーをしたと話していた。

二　【妹がゼリーを食べた】

1　兄が勉強後のおやつに妹がとっておいたゼリーを食べてしまった。
2　勉強後のおやつに妹がとっておいたゼリーを兄が食べてしまった。
3　兄が勉強後のおやつにとっておいたゼリーを妹が食べてしまった。

三　【見学に行ったのは私と山下さんだ】

1　昨日私は山下さんと吉野さんが通っている英会話教室を見学に行った。
2　昨日私は吉野さんが山下さんと通っている英会話教室を見学に行った。
3　昨日私は吉野さんが通っている英会話教室を山下さんと見学に行った。

第2回　問題

問6

一～三は、【　　】の中の言葉と似た意味を表す言葉を、四～六は、【　　】の中の言葉と反対の意味を表す言葉を選んで、番号で答えてください。

◎似た意味を表す言葉

一【堅実（けんじつ）】
［ 1 結実　2 着実　3 切実 ］

二【手本】
［ 1 模擬（もぎ）　2 模範（もはん）　3 模造 ］

三【まさか】
［ 1 よもや　2 あわや　3 いわば ］

◎反対の意味を表す言葉

四【供給】
［ 1 需要（じゅよう）　2 重要　3 必要 ］

五【分裂（ぶんれつ）】
［ 1 接続　2 統一　3 集合 ］

六【てきぱき】
［ 1 ぐずぐず　2 やきもき　3 ばたばた ］

問7

一～四の【　　】の中の二つの言葉は、表す意味のうえでどんな関係になっているでしょうか。同じ関係になっている組み合わせを一つ選んで、番号で答えてください。どちらの言葉が前で、どちらの言葉が後になっているかということにも注意してください。

一 **【めがね――レンズ】**

［1 自動車――タイヤ　2 やかん――台所　3 えんぴつ――筆箱　4 ボール――バット］

二 **【勝敗――勝利】**

［1 大小――最小　2 前後――前回　3 表裏（ひょうり）――表現　4 出欠――出席］

三 **【学問――言語学】**

［1 野球――卓球（たっきゅう）　2 売店――出店　3 産業――農業　4 名産――有名］

四 **【減額――金額】**

［1 減員――人員　2 減少――年少　3 減産――国産　4 減税――増税］

問8

一～四の（　　）に入る言葉として、最もふさわしいものはどれでしょうか。番号で答えてください。

一　彼の自己中心的な態度は、周りからの（　　）を買うことになった。

［1 反抗（はんこう）　2 反対　3 反感］

二　足に大けがをした姉は、バレエを続けることを（　　）せざるを得なくなった。

［1 断絶　2 断念　3 断交］

三　近ごろは、農薬の（　　）をドローンを使って行うこともよくあるそうだ。

［1 散布　2 配布　3 流布］

四　先月社長になったばかりのA氏だったが、スキャンダルが暴露（ばくろ）され、（　　）されることになった。

［1 解放　2 解任　3 解禁］

問9

一〜四の二組の文について、ア・イどちらの（　　）にも当てはまる言葉を［　　］から一つ選んで、番号で答えてください。（当てはめるとき、「あつい」が「あつく（て）」となるように、形が変わることもあります。）

一　ア　辞書には、（　　）ながらも丈夫で裏写りしにくい、特殊な紙が使われている。
　　イ　選挙の投票率は非常に低く、政治への関心が（　　）ことが明らかになった。

二　ア　大田さんは、チームリーダーとして（　　）信頼を寄せられている。
　　イ　あの山の頂上は（　　）雲に覆われていて、ここからは見ることができない。

三　ア　ジャムの瓶のふたが（　　）しまっていたので、力の強い兄に開けてもらった。
　　イ　急に道路に飛び出した子どもを、その子の親が（　　）しかりつけていた。

四　ア　昨日見たミュージカル映画で、主人公が歌っていた（　　）メロディーが耳に残っている。
　　イ　相手チームの力をあまりにも（　　）見ていたのが、今回の敗因だ。

1 あつい　2 あまい　3 うすい　4 かたい　5 きつい　6 さむい

第2回　問題

一〜四の見出しに掲(かか)げた言葉は、一方の文では適切に使われていますが、もう一方の文では適切に使われているとはいえません。適切に使われているほうの文を選んで、番号で答えてください。

一【いわく付き】

1 この絵は、所持した者に次々と不幸をもたらすという、いわく付きの代物(しろもの)だそうだ。

2 この店のシュークリームは、食通のいわく付きで評判だ。

二【日進月歩】

1 ダンスが上手になりたくて毎日練習しているが、いくらやっても日進月歩で、なかなかうまくならない。

2 現代の医療(いりょう)技術はまさに日進月歩で、かつては不治の病といわれた病気の多くが、今では治せるようになっている。

三　【すこぶる】

1　今日の母は、どういうわけだかすこぶる機嫌がいいようで、朝からずっとにこにこしている。

2　熱いものが苦手な弟は、できたてのスープをすこぶる冷ましながら飲んでいた。

四　【まんざらでもない】

1　試合には敗れたが、観客席からは選手たちの健闘をたたえるまんざらでもない拍手がおくられた。

2　バレンタインデーには関心がないと言っていた中島君だが、初めてチョコレートをもらって、まんざらでもない様子だった。

問11

次の会話は、演劇部に所属する高校三年生の松本さんと市川さんとのやりとりです。**ア**〜**オ**に当てはまる言葉を選んで、番号で答えてください。

【松本】いよいよ明日が最後の舞台だね。

【市川】もう最後なのか。早いなあ。入部した日が昨日のように感じるよ。（**ア**）とはまさにこのことだね。

【松本】うん、思えばいろいろあったよね。最初の発表会では、せりふを忘れちゃって、（**イ**）ほどはずかしい思いをしたなあ。

【市川】私は、二年生のときの思い出が多いな。三年生の先輩が引退してからは部員が五人しかいなくて、廃部になるかもしれなかったよね。どうやったら後輩が入ってくれるのか毎日考えていたけれど、良い方法が思いつかなくて頭を（**ウ**）なあ。

【松本】あの時は（**エ**）のピンチだったね。でも幸い、一年生がたくさん入部してくれた。本当にうれしかったよね。後輩たちはみんな真面目に部活に取り組んでくれているし、明日は後輩たちの心に残るような舞台にしたいね。

【市川】そうだね。ならば、思い出話に（**オ**）ばかりいられないぞ。明日のために練習しよう。

ア……**1** 光陰矢のごとし　**2** 時は金なり　**3** 石の上にも三年

イ……**1** 顔から火が出る　**2** 手に汗をにぎる　**3** 首が回らない

ウ……**1** 割った　**2** 抱えた　**3** たたいた

エ……**1** 絶体絶命　**2** 一長一短　**3** 難攻不落

オ……**1** 思いを寄せて　**2** 気を回して　**3** 花を咲かせて

次の文章は、中学生の石川さんが学級新聞の記事として書いた原稿の下書きです。この中に、漢字の使い方・送り仮名の付け方・仮名遣いについて、不適切なものがあります。ア～セの――部分が適切な表記ならば ○ を、不適切な表記ならば × を記入してください。

「身近にある危険」について　　　３年４組　石川 信一

今回の学級新聞では、中村さんと小林さんの二人に、「身近にある危険」についてインタビューしました。

石川：今日のテーマは「身近にある危険」についてです。お二人が感じたことを話してもらい、安全に過ごすためにどうしたらいいか考えたいと思います。まず、お二人は「身近にある危険」と聞いたときに、どんなことを思いうかべますか。

中村：私は、エスカレーターでの出来事を思いうかべました。この前、駅のエスカレーターに乗っていたとき、よほど**ア**急いでいたのか、30代くらいの男の人がかけおりてきたんです。その人の**イ**荷物がぶつかって、ひやりとしました。どちらかがバランスを**ウ**くづして転倒するようなことがあったら、たいへんなことになると思いました。

石川：それは危ないですね。通学・**エ**通均ラッシュなどで**オ**混雑しているときにそのようなことが起きたら、大勢の人が巻きこまれてしまいますね。だから、駅のアナウンスでも、エスカレーターでは立ち止まるように**カ**呼びかけていますよね。

小林：私は、歩きスマホが危ないと思います。今朝も通学路を歩いているとき、前に歩きスマホをしている人がいて、その人が突然止まって、ぶつかりそうになりました。画面に**キ**夢中になっていると、周りが見えないので、ぶつかったりつまずいたりして危ないと思います。**ク**時故にもつながりかねません。

中村：私も、歩きながら電話をしていた知り合いが、後ろから来た車に気づかずに、接触しかけたと聞いたことがあります。車がスピードを**ケ**落としていなかったらと思うと、とても恐ろしいです。

石川：ありがとうございます。では、お二人は、今話してくださった体験から、どんなことに気をつけるべきだと思いますか。

中村：**コ**予裕をもって行動することが大切だと思います。あわてていると、正しい**サ**判断ができず、危ない行動をとってしまうかもしれませんから。

小林：歩きスマホには特に注意すべきだと思います。スマホの画面に集中してしまい、**シ**週囲の状況に気づくのが遅れ、危険な目にあう**ス**加能性が高まりますし、周りの迷惑になります。歩きスマホは危ないということを**セ**自覚し、スマホは安全な場所で使うように心がけたいですね。

読者のみなさんは、「身近にある危険」について、どう思いますか。この記事が考えるきっかけになれば幸いです。

問13

一～**四**の文には、パソコンなどで入力したときの変換ミスが一つずつあります。変換ミスを含む言葉の正しい漢字での書き方を、**楷書**で記入してください。（例：バスは時間どおりに発射した。　解答●発車）

一　この事件をきっかけに、一つの国で同じ民族の人どうしが敵と見方に分かれて戦うという悲劇が始まった。

二　線路上の安全確認に時間がかかっているようで、電車の運行はまだ再会されていない。

三　世の中の健康志向を反映して、食品業界では、糖分や塩分を減らした賞品の開発に力を入れているらしい。

四　読書感想文を提出しようとしたら、先生に小説の作者の氏名が謝っていると指摘された。

一〜四の——部分について、漢字には**ひらがな**でその読み方を、カタカナには**漢字**での書き表し方を、解答欄に記入してください。

一　異国情緒あふれるこの町は、古くから外国との交易で栄えてきた。

二　私の祖父は、自らの手で畑を耕して、野菜と花を育てている。

三　世間を驚かせた事件のサイバンだけあって、ニュースで大きく取り上げられている。

四　水族館にはスーツケースを持ちこめないので、入口のそばにあるロッカーにアズけた。

第2回　問題

一～五のア・イの（　　）に入る漢字として適切なものを、それぞれの【　　】の中から選んで、番号で答えてください。同じ番号を二度使ってもかまいません。

一【1 選　2 宣　3 専】

ア　私のいとこは、日本代表にも（　　）出されたことのあるプロサッカー選手です。

イ　来週にある資格試験のために、今は習い事のピアノを休み、勉強に（　　）念している。

二【1 阻　2 狙　3 粗】

ア　試合終盤（しゅうばん）のピンチで、野口さんは相手の得点を（　　）止する見事なプレーを見せた。

イ　私は、食べ物を（　　）末にしないことを心に決めている。

三【1 偏　2 編　3 遍】

ア　根拠（こんきょ）のない思いこみや（　　）見にとらわれてはいけない。

イ　私には、ファッション雑誌の（　　）集者になるという夢がある。

四 【1 解　2 説】

ア 課長は私たちにいつも整理整頓の大切さを（　　）く。

イ その探検家は、古代文明の謎を（　　）くために遺跡へ向かった。

五 【1 断　2 立】

ア 落雷によって、付近一帯への電力の供給が一時的に（　　）たれた。

イ ようやく問題を解決するめどが（　　）ったと思ったら、別の問題が発生した。

次の文章は、プラスチックごみ問題に関する意識調査の結果を見て、高校生の小川さんが書いたものです。これを読んで、後の質問に答えてください。三以外は番号で答えてください。

近年、プラスチックごみによる環境汚染が世界的な問題となっています。日本でも、プラスチックごみの削減やプラスチックごみの流出による海洋汚染の防止が課題とされ、レジ袋の有料化やプラスチック資源の循環を促進する新しい法律の施行などの動きがありました。これらの取り組みは、国民の意識にどのような影響を与えたのでしょうか。

図1は、18歳以上の国民3000人に、レジ袋の有料化や新法の施行により、プラスチックごみ問題への関心や自身の行動に変化があったかを尋ねた調査の結果です。全ての年齢層で最も割合が高かったのは「関心が高まったため、具体的な行動をとるようになった」で、どの年齢層でも過半数を占めています。一方、2位と3位の項目については年齢層ごとに違いがあります。10代から40代は「関心は高まったが、行動に変化はない」が2番目に多く、「以前から関心が高く、具体的な行動をとっていた」が3番目であるのに対し、50代以上ではその順位が逆転しています。若い世代ほど「関心は高まったが、行動に変化はない」の割合が高い傾向にあるのは残念ですが、それでも、以前から行動していた人も含め、65%以上の人がプラスチックごみ問題に関心を持って具体的な行動をしているということは、ア良い傾向だと思います。

（　イ　）。図2は「プラスチックごみ問題の解決へのウ貢献として、今後どのようなことに取り組んでいきたいか」について尋ねた結果です。これによると、最も多かった回答は「プラスチックごみを正しく分別する」で、これに「使用済みプラスチック製品の店頭回収に協力する」、「マイボトルを持参し、使い捨て容器をできる限り使用しない」という回答が続きます。これらの回答を見ると、ある共通点に気がつきます。それは、私たち一人一人が身近なところから取り組むことができることだということです。多くの人が、プラスチックごみ問題を自分たちの問題としてとらえ、身の回りの小さなことから問題の解決に寄与しようとしているのです。

このような、「問題の当事者として、一人一人ができることを行う」という意識を持ち、行動することこそ、問題の解決にとって最も大切なのではないでしょうか。「こんなことをしても意味がない」と考える人もいるかもしれません。ですが、これらの行動はすぐにでも、誰でも取り組むことができることです。ちりも積もれば山となるというように、こういった（　エ　）を多くの人が行うことで、プラスチックごみ問題の解決への大きな力になるのではないでしょうか。

図１：プラスチックごみ問題への関心や行動の変化に関する質問への回答の内訳（単位：％）

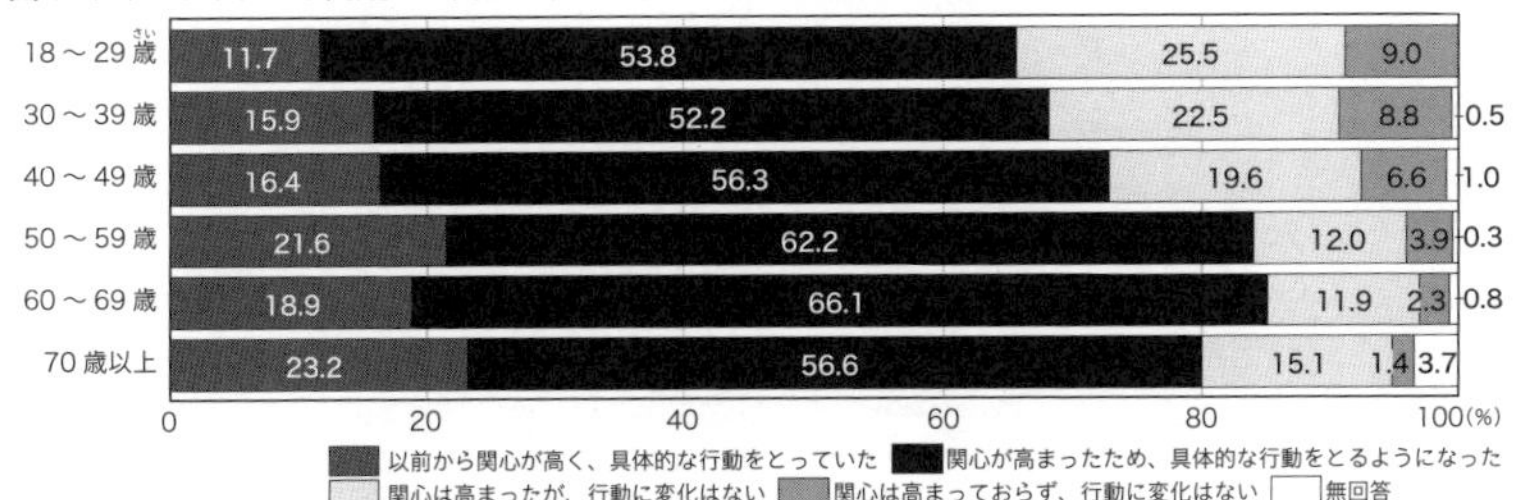

図２：プラスチックごみ問題の解決のために今後取り組んでみたいこと
（それぞれの取り組みを選択した人の割合、複数回答、30％以上の回答のみ抜粋）

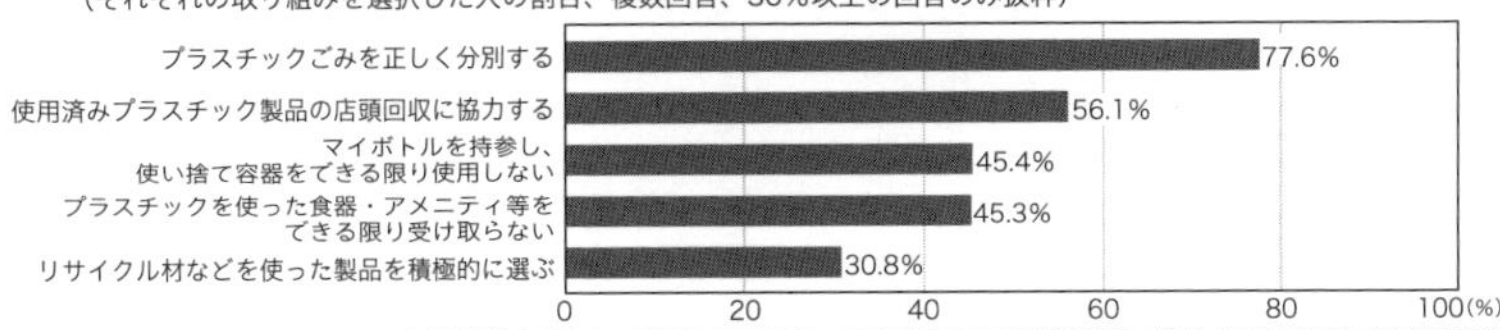

＊有効回答数 1,791 人、内閣府「プラスチックごみ問題に関する世論調査」（令和４年９月調査）をもとに作成

一　**ア**「良い傾向」と筆者が述べた理由として、最もふさわしいと考えられるものはどれでしょうか。

1 プラスチックごみ問題に関心のある人が年々増加しているから。
2 全ての世代で、過半数の人がプラスチックごみ問題に関心を持ち、行動に移していると考えられるから。
3 年齢が上がるにつれて、プラスチックごみ問題に対する意識が高まっているから。

二　**イ**に入る言い方として、最も適切なものはどれでしょうか。

1 では、この問題を解決するために私たちができる行動にはどんなことがあるでしょうか
2 ところが、実際にプラスチックごみを減らすことは簡単ではないようです
3 一方、世界と比べると取り組みが不十分だと言えそうです

三　**ウ**「貢献」と似た意味を表す言葉を、第三段落以降の文章中から**漢字二字**で抜き出してください。

四　**エ**に入る言い方として、最も適切なものはどれでしょうか。

1 身近なところからできること
2 問題の解決には直接影響しないようなこと
3 個人で取り組むのは大変なこと

五　次のうち、筆者がこの文章で述べていることと合うものを一つ選んで、番号で答えてください。

1 レジ袋の有料化や新法の施行により、海洋汚染は大きく改善した。
2 プラスチックごみ問題の解決に関心がある人が半数を超えるのは40代以降の世代である。
3 プラスチックごみ問題について、一人一人が当事者意識を持って行動することが重要だ。

問17 次の文章は、中学生の野田さんが「工芸作物」をテーマにして書いた文章です。これを読んで、後の質問に答えてください。

先日、学校の授業で「工芸作物」について学ぶ機会があった。工芸作物とは、主に工芸や工業の原材料とすることを目的に栽培され、加工されてから人に利用される作物のことをいう。食品、調味料や油脂、布、紙など、原材料としての用途は多岐にわたる。そして、これらには生活や文化と関わりを持つものが多いらしい。その関わりがどのようなものなのか知りたくなったので、いくつかの工芸作物について調べてみることにした。

まず、「麻」について調べてみた。麻の繊維は強度があり通気性がよいため、古くから人々の衣類の**ア**ソザイとして用いられてきた。麻織物には、新潟県の小千谷縮や沖縄県の宮古上布など、国や自治体の指定文化財となっているものも少なくない。ほかに、しめ縄や下駄の鼻緒に使われるなどその用途は広く、私たちの生活や文化と密接な関わりのある工芸作物の一つだといえる。

「茶」もまた、私たちの生活や文化に関わりの深い工芸作物だ。お茶は、日本人にとって最も一般的な飲料の一つであり、私たちは毎日、なかば習慣としてお茶を飲む。「茶道」が日本の伝統文化として大切に受け継がれていることや、「へそで茶をわかす」**イ**「お茶をにごす」などの言葉が日常的に使われることからも、茶がいかに深く私たちの生活に浸透しているかが分かる。

「こうぞ」や「みつまた」は、和紙の原料としてよく知られる工芸作物である。「こうぞ」や「みつまた」の繊維は長く強じんで、それをすき、固めて作った和紙は、洋紙に比べ丈夫で長持ちしやすい。（　**A**　）、障子やふすまといった建具や、せんす、うちわなどの日用品の材料として使われる。また、独特の風合いを生かして、様々な工芸品や調度品にも用いられる。（　**B**　）、暮らしをさまざまに彩る和紙は、洋紙が普及した今日においても、私たちの生活に深く根付いているのだ。

工芸作物について調べてみると、これらが私たちの生活や文化といかに深くつながっているのかということが分かった。これからも、様々な工芸作物について知ることを通じて、私たちの生活や文化への学びを深めていきたい。

一　ア「ソザイ」を楷書の漢字で書いてください。

二　イ「お茶をにごす」という言葉が適切に使われているほうの文を選んで、番号で答えてください。

1　その企業は、住民からの訴えに対して、わずかな和解金でお茶をにごした。
2　父は、大切にしていた皿を壊され、怒りのあまりお茶をにごした。

三　空欄A・Bに入る言葉の組み合わせとして最も適切なものを選んで、番号で答えてください。

1　A…このように　B…そのため
2　A…それから　B…こうして
3　A…そのため　B…このように
4　A…こうして　B…そのほかに

四　次のうち、筆者がこの文章で述べていることと合うものを一つ選んで、番号で答えてください。

1　工芸作物は人々の生活と密接な関係にあり、近年ますます生産がさかんである。
2　工芸作物について学ぶうえで、日本の生活や文化に関する知識は不可欠である。
3　工芸作物の国内生産を保護することで、伝統的な文化を守ることができる。
4　工芸作物を知ることは、私たちの暮らしや文化を学ぶことにつながる。

五　本文のタイトルとして最も適切だと考えられるものを選んで、番号で答えてください。

1　工芸作物の用途とその生産の歴史
2　生活や文化を支える工芸作物
3　日本で生産される主な工芸作物
4　日本の工芸作物を守るために

第2回　問題

答案用紙

令和5（2023）年度 第2回

日本語検定

4級

注 意

1. 下の「受検者番号シール貼り付け欄」に、受検番号と氏名が書いてある受検者番号シールを貼り付けてください。
2. 答案用紙は裏面まで続いていますので、注意してください。
3. 読みやすい字で、枠からはみ出さないように記入してください。
4. 間違えたところは、消しゴムを使用して、きれいに消してから記入してください。

受検者番号シール貼り付け欄

受検者番号シールを
貼ってください。

特定非営利活動法人
日本語検定委員会

記入例

1

番号で答えるときは、このように算用数字で記入してください。

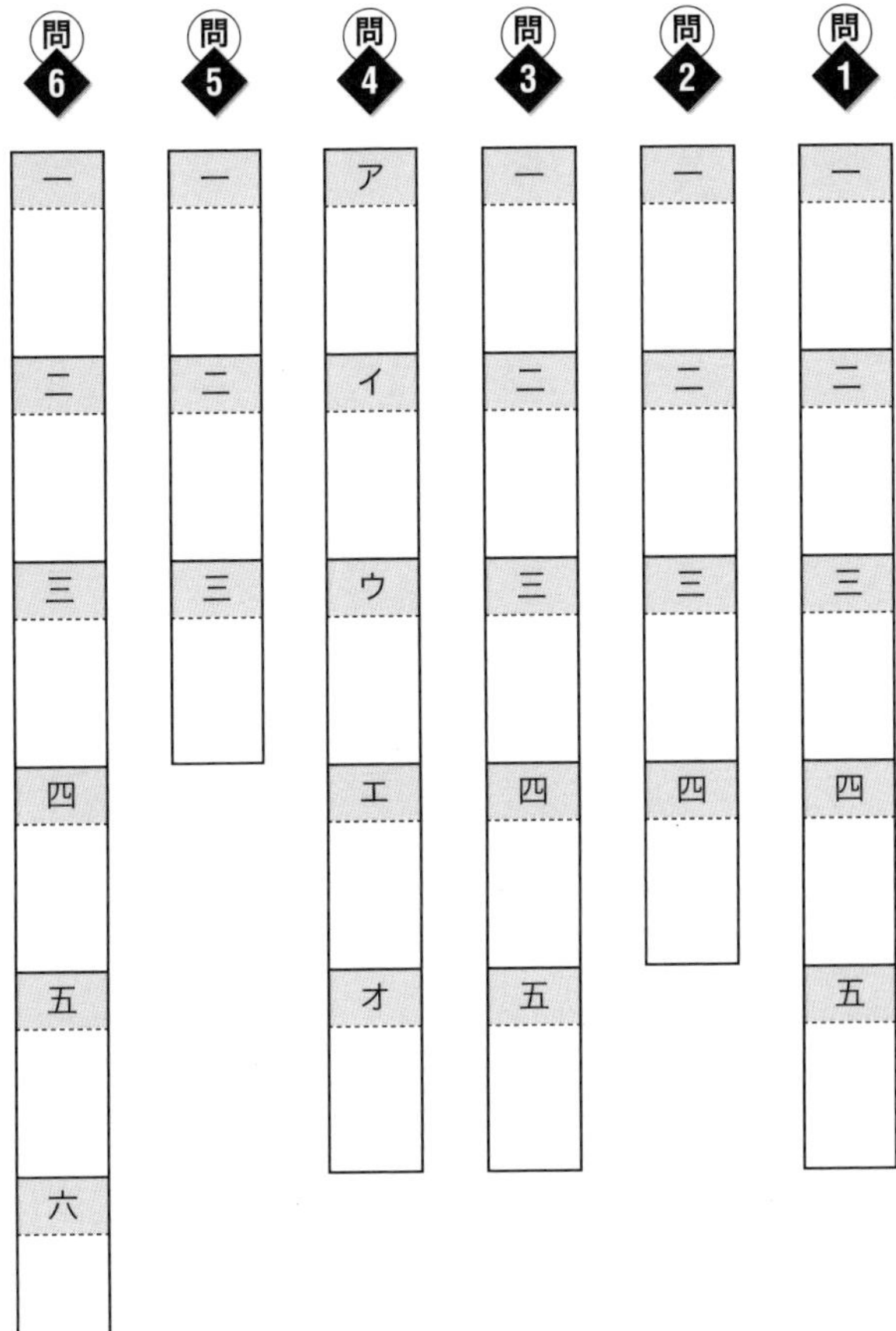

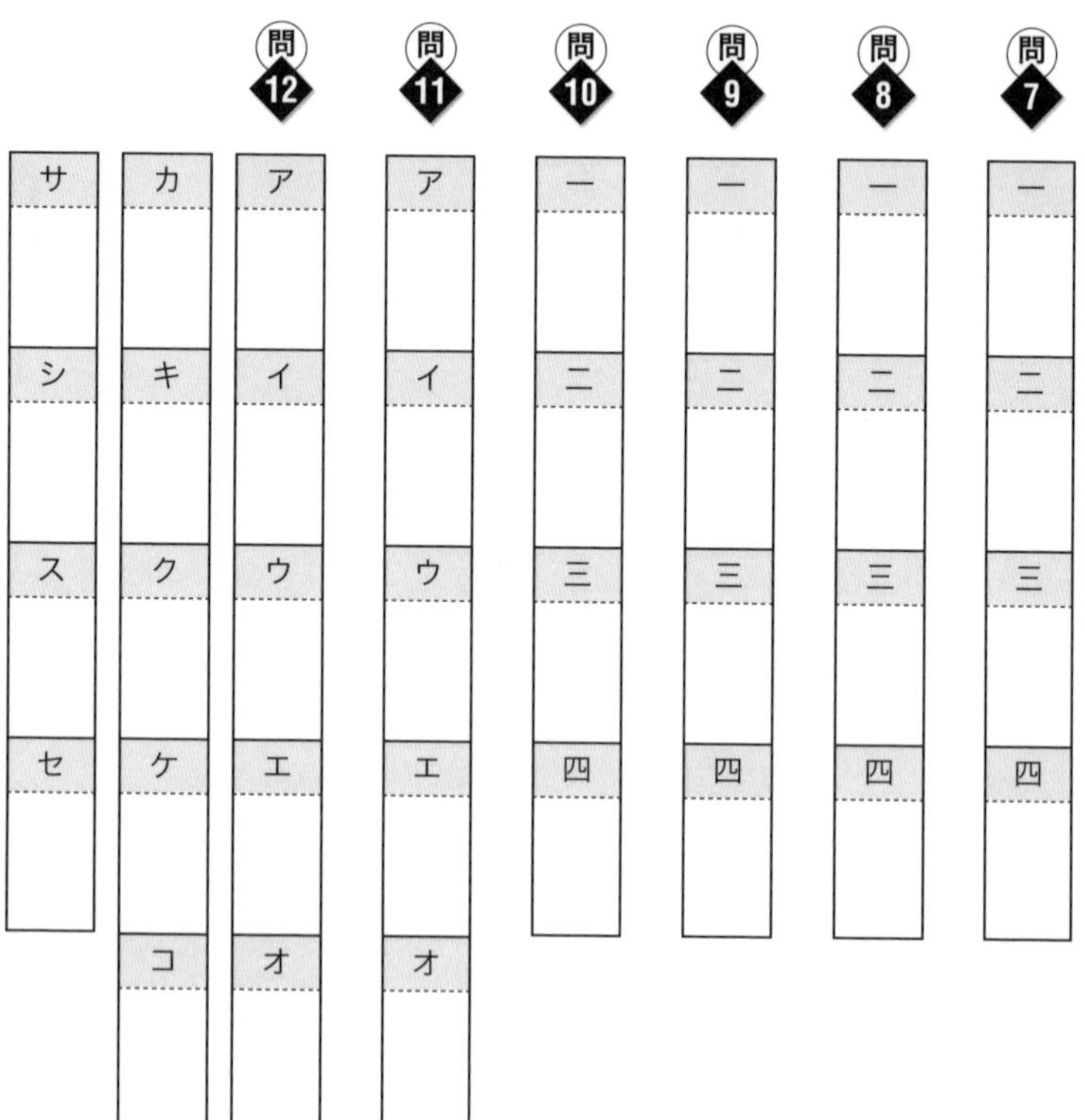
問7
一
二
三
四
問8
一
二
三
四
問9
一
二
三
四
問10
一
二
三
四
問11
ア
イ
ウ
エ
オ
問12
ア
イ
ウ
エ
オ
カ
キ
ク
ケ
コ
サ
シ
ス
セ

第2回　答案用紙

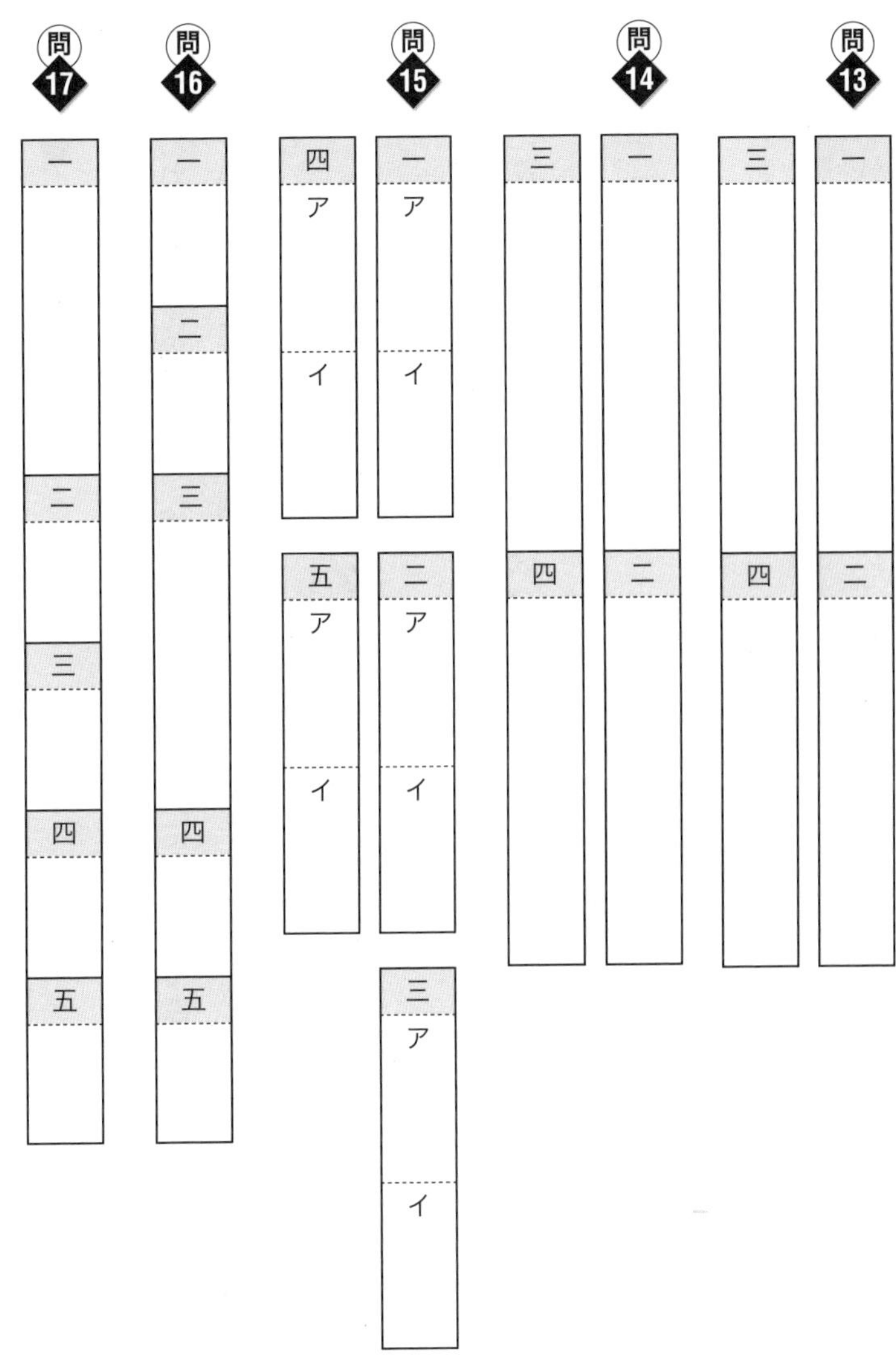

第2回　検定問題の解答と解説

［敬語］

解答　一…2　二…3　三…3　四…1　五…1

解答のポイント　さまざまな相手や場面に応じて、相手を尊重し、敬う気持ちを表す言い方（敬語）が使われます。その際には、相手の行為やその人に関係する事柄などに使う尊敬語と、自分の側の行為や事柄などに使う謙譲語とを適切に使い分ける必要があります。特に、謙譲語には、「お〔ご〕～する」「申しあげる」のように、行為の向かう先の人物に対する敬意を表す謙譲語Ⅰと、「参る」「申す」のように、自分側の行為などを相手に対して丁重に述べる謙譲語Ⅱがあるので、注意しましょう。（「敬語の指針」平成十九年　文化審議会答申）

ここでは、尊敬表現の「お〔ご〕～になる」、謙譲表現の「お〔ご〕～する」など、いろいろな動詞に適用できる一般的な形を扱っています。

一　客が「利用できない」ことを、「ご～になる」という尊敬表現を使って言っている、２「ご利用になれません」が適切です。１「ご利用できません」は、「ご～する」という謙譲表現を可能の形にした言い方で不適切です。３「ご利用になられません」は、「ご～になる」という尊敬表現に尊敬の助動詞「れる」を付けた過剰敬語で不適切です。

二　先生が興味を「持った」ことを、尊敬の助動詞「れる」を使って言っている、３「持たれた」が適切です。1「お持ちになられた」は、「お～になる」という尊敬表現に尊敬の助動詞「れる」を付けた過剰敬語で不適切です。2「お持ちした」は、「お～する」という謙譲表現を使っていて不適切です。

三　来場者に対して話すとき、身内である部長の行為に尊敬語を使うのは不適切です。3「描いた」と言うのが適切です。1「お描きされた」と、2「お描きした」は、「お～する」という謙譲語Iの形を、向かう先の人物のいない行為である「描く」に使っているので、不適切です。

四　客がサービスカウンターに「尋ねる」ようにしてほしいということを、「お～くださる」という尊敬表現を使って依頼している、1「お尋ねください」が適切です。2「お尋ねしてください」は、「お～する」という謙譲表現を「尋ねる」という相手の行為に使っていて不適切です。3「お尋ねされてください」は、「お～する」という謙譲表現に尊敬の助動詞「れる」を付けた形で不適切です。

五　自分が先生に「会うことができた」ことを、「お～する」という謙譲表現を使って言っている、1「お会いできて」が適切です。2「お会いになれて」は、「お～になる」という尊敬表現を使っていて不適切です。3「お会いされて」は、「お～する」という謙譲表現に尊敬の助動詞「れる」を付けた形で不適切です。

［敬語］

解　答　一…5　二…7　三…4　四…3

解答のポイント　敬語には、特定の動詞の尊敬語として使われる「いらっしゃる」「召(め)しあがる」や、特定の動詞の謙譲語(けんじょうご)として使われる「申す」「伺(うかが)う」などの言葉があります。尊敬語と謙譲語を取り違(ちが)えないよう注意しましょう。

一　先生が「見た」ことを、尊敬語の5「ご覧になる」を使って、「ご覧になっ（た）」と言うのが適切です。

二　先生が「言っていた」ことを、尊敬語の7「おっしゃる」を使って、「おっしゃっ（ていました）」と言うのが適切です。

三　自分が職員室に「行く」ことを、謙譲語の4「伺う」を使って、「伺っ（て）」と言うのが適切です。

四　自分は宮田理子と「いう」ということを、謙譲語の3「申す」を使って、「申し（ます）」と言うのが適切です。

問3 ［文法］

解答 一…2　二…2　三…1　四…1　五…2

解答のポイント 動詞の可能表現と使役表現の形式など、言葉の決まりに則した語句の使い方についての問題です。

動詞や形容詞などの「用言」は、後に続く語句によって語形が変化（活用）します。用言を用いるときには、活用の決まりに則して使うことが大切です。

可能表現は、五段活用動詞では「書く→書ける」「読む→読める」のように可能動詞を用い、上一段・下一段活用動詞では「未然形＋られる」、カ行変格活用動詞の「くる（来る）」は「こられる（未然形（こ）＋られる）」、サ行変格活用動詞の「する」は「できる」を用いるのが規範的です。

使役表現は、五段活用動詞では「未然形＋せる」、上一段・下一段活用動詞では「未然形＋させる」、「くる（来る）」は「こさせる（未然形（こ）＋させる）」、「する」は「させる（未然形（さ）＋せる）」を用います。

近年、「見られる」「食べられる」を「見れる」「食べれる」とし、「こられる」を「これる」と言う「ら抜き言葉」がかなり広まってきています。また、「出せる」を「出せれる」と言う「れ足す言葉」、さらに「読ませる」を「読まさせる」とする「さ入れ言葉」も広まりつつありますが、いずれも現在は規範的な言い方としては認められていません。

一　「閉じる」は上一段活用動詞なので、可能表現は未然形「閉じ」に可能の助動詞「られる」を付けて、2「閉じられ（ない）」と言うのが適切です。1「閉じれ（ない）」は、「られる」の代わりに「れる」を付けた、「ら抜き言葉」です。

二　「苦しい」は形容詞なので、「て」に接続するときは、連用形を用いて、2「苦しく（て）」と言うのが適切です。1「苦しいく（て）」は、「苦しく」に不要な「い」を付けた形で不適切です。

三　「困る」は五段活用動詞なので、使役表現は未然形「困ら」に使役の助動詞「せる」を付けて、1「困らせ（て）」と言うのが適切です。2「困らさせ（て）」は、「せる」の代わりに「させる」を付けた、「さ入れ言葉」です。

四　「買う」は五段活用動詞なので、可能表現は可能動詞「買える」を用いて、1「買える」と言うのが適切です。2「買えれる」は、「買える」に不要な「れ」を付けた、「れ足す言葉」です。

五　「出てくる」の「くる（来る）」はカ行変格活用動詞なので、可能表現は未然形「こ」に可能の助動詞「られる」を付けて、2「出てこられ（ない）」と言うのが適切です。1「出てこれ（ない）」は、「られる」の代わりに「れる」を付けた、「ら抜き言葉」です。

問4【敬語／文法】

解答　ア…○　イ…○　ウ…○　エ…×　オ…×

解答のポイント 会話の中の言葉遣(づか)いを扱(あつか)っています。敬語の問題と可能表現などに関する問題が含(ふく)まれています。

ア 客が店内で「食べるか」どうかを、尊敬語「召(め)しあがる」を使って「召しあがりますか」と店員が尋(たず)ねている問題文は適切です。

イ 「食べる」は下一段活用動詞なので、可能表現は「食べる」の未然形「食べ」に可能の助動詞「られる」を付けます。「食べられなくて」と述べている問題文は適切です。

ウ 客に「待ってもらう」ことが、店員である自分の側にとってありがたいということを、謙譲表(けんじょうひょう)現(げん)「お～いただく」を使って述べている問題文は適切です。

エ 「お持ちされて」は、客が番号札を「持つ」ことに謙譲表現「お～する」を使っていること、また、「お～する」という謙譲表現に尊敬の助動詞「れる」を付けていることから、不適切です。尊敬表現「お～になる」を使って「お持ちになって」などと言うのが適切です。

オ 「おっしゃられて」は、「言う」の尊敬語「おっしゃる」に尊敬の助動詞「れる」を付けた過剰(かじょう)敬語(けいご)で、不適切です。この場合、「れる」を付けず、「おっしゃる」を使って「おっしゃってください」などと言うのが適切です。

問5 [文法]

解答　一…2　二…3　三…3

解答のポイント　意図することを正確に伝えるためには、修飾・被修飾の関係がはっきりした文にすることが大切です。その際には、語順を変える、読点を適切な位置に打つ、語句を補うなどの工夫が必要になります。

この問題では、入れる場所によって文の表す意味が変わる言葉を、どこに入れるのが適切かを考えます。

一　1は、「土曜日に」がかかる先を「(サッカーを) した」ととりやすいのですが、「したと話していた」ととることもできます。そのため、「土曜日に、(サッカーを) した」という意味と「土曜日に、話していた」という意味の両方の可能性があり、はっきりしません。2は、「土曜日に」がかかる先が「話していた」に限定されるので、話していたのが土曜日だということがはっきりします。3は、「土曜日に」がかかる先が「した」と「話していた」のどちらともとれるので、サッカーをしたのが土曜日なのか、サッカーをしたと話していたのが土曜日なのか、はっきりしません。したがって、2が適切で、1と3は不適切です。

二　1は、「妹が」がかかる先が、「とっておいた」に限定されるので、「兄が食べた」ことがはっきりと伝わります。2も、「妹が」がかかる先が「とっておいた」に限定されるので、「兄が食べた」ということがはっきりします。3は、「妹が」がかかる先が「食べてしまった」に限定されるので、「妹が食べた」ことがはっきりします。したがって、3が適切で、1と2は不適切です。

三　1は、「私は山下さんと、（吉野さんが通っている英会話教室を）見学に行った」のか、「私は、（山下さんと吉野さんが通っている英会話教室を）見学に行った」のか、はっきりしません。2は、「私は、（吉野さんが山下さんと通っている英会話教室を）見学に行った」ことがはっきりします。3は、「私は、（吉野さんが通っている英会話教室を）山下さんと見学に行った」ことがはっきりします。したがって、3が適切で、1と2は不適切です。

問6 【語彙】

解答　一…2　二…2　三…1　四…1　五…2　六…1

解答のポイント　似た意味を表す言葉（「類義語」といいます）と、反対の意味を表す言葉（「対義語」といいます）を選ぶ問題です。

一　「堅実」は、考え方ややり方などがしっかりしていて、手堅く危なげがない様子を表す言葉です。似た意味を表す言葉は、危なげなく確実に物事を行う様子を表す、2「着実」です。1「結実」は、植物などが実を結ぶこと、また、努力のかいあって良い結果が得られること。３「切実」は、身にしみて感じる様子です。

二　「手本」は、ならうべき作品や行動などのことです。似た意味を表す言葉は、見習うべき型や行いなどのことをいう、２「模範（もはん）」です。１「模擬（もぎ）」は、あるものの形態や方法をまねること。３「模造」は、実物に似せてつくることです。

三　「まさか」は、そんなことがあるはずはないと思う様子を表す言葉です。似た意味を表す言葉は、いくらなんでもそれはありえないと考える様子を表す、１「よもや」です。２「あわや」は、もう少しで大変な事態になるところだったという様子を表す言葉。３「いわば」は、何かを別のものにたとえて分かりやすく説明する際に用いる言葉です。

四　「供給」は、必要とされる商品などを必要とする人に届くようにすることです。反対の意味を表す言葉は、ある製品や商品などを必要として求めることをいう、１「需要（じゅよう）」です。２「重要」は、特に大切である様子。３「必要」は、物事が成立するために、それがなくてはならないことです。

五　「分裂（ぶんれつ）」は、一つにまとまっていたものがいくつかに分かれることです。反対の意味を表す言葉は、ばらばらのものを一つにまとめることをいう、２「統一」です。１「接続」は、二つ以上のものが結びつくこと。３「集合」は、人やものが同じ場所に集まることです。

六　「てきぱき」は、問題の一つ一つにすばやく対処し、時間を効率よく使う様子を表す言葉です。反対の意味を表す言葉は、動作や決断が遅（おそ）いために、時間を無駄（むだ）にしているように見える様子を表す、1「ぐずぐず」です。2「やきもき」は、物事が思うように進まず、心配する様子。3「ばたばた」は、あわただしく動き回る様子です。

【語彙】

解答　一…1　二…4　三…3　四…1

解答のポイント　言葉どうしの関係を考える問題です。ここでは、次の言葉の関係を扱っています。

◎ある物を表す言葉と、その一部分を表す言葉
◎互いに逆の意味を表す漢字二字からなる熟語と、その一字目の意味を表す言葉
◎あるひとまとまりの物事を表す言葉（上位語）と、それに含まれる物事を表す言葉（下位語）
◎一字目が『減』である二字熟語と、その『減』の対象となる二字目の漢字の意味を表す二字熟語

一　「めがね」の一部分が「レンズ」ですから、両者は「ある物を表す言葉と、その一部分を表す言葉」という関係です。同じ関係になるのは1で、「自動車」の車輪についているものが「タイヤ」です。2は、「やかん」を使う場所が「台所」という関係。3は、「えんぴつ」を入れるものが「筆箱」であるという関係。4は、「ボール」を「バット」で打つという関係です。

二　「勝敗」は、「勝利」と敗北のことですから、両者は「互いに逆の意味を表す漢字二字からなる熟

語と、その一字目の意味を表す言葉」という関係です。同じ関係になるのは4で、「出欠」は、「出席」と欠席のことです。1「大小」と「最小」、2「前後」と「前回」、3「表裏（ひょうり）」と「表現」は、いずれもそのような関係ではありません。

三「学問」の一つに「言語学」があるという関係ですから、両者は「あるひとまとまりの物事を表す言葉と、それに含まれる物事を表す言葉」という関係です。同じ関係になるのは3で、「産業」は、人間の生活に必要なものを生み出す仕事全てをまとめていう言葉で、「農業」はその一つです。1は、「野球」と「卓球（たっきゅう）」はともに球技の一つという関係。2は、「売店」を「出店」するという関係。4の「名産」は、その土地を代表する産物のことで、「有名」は、多くの人にその存在が知られていることです。

四「減額」は、相手に支払（しはら）う、または請求（せいきゅう）する「金額」などを減らすことですから、両者は「一字目が『減』である二字熟語と、その『減』の対象となる二字目の漢字の意味を表す二字熟語」という関係です。同じ関係になるのは1で、「減員」は、その組織や団体の「人員」を減らすことです。2の「減少」は、物の数量が減ることで、「年少」は、年が若いこと。3の「減産」は、生産量が減ること、また、減らすこと。「国産」は、自国で産出、生産するもののこと。4の「減税」は、税金の率や額を下げること。「増税」は、税金の率や額を上げることで、両者は対義語の関係です。

問8 〔言葉の意味〕

解答　一…3　二…2　三…1　四…2

解答のポイント　同じ漢字が含まれている熟語の使い分けの問題です。同じ漢字を含むために、意味のうえで共通するところがあるので、文の意味に沿った適切な言葉を選ばなければいけません。また、前後の言葉とのつながりについても注意が必要です。

一　相手の言動を不快に感じて、反発する気持ちをいう、3「反感」が適切です。「反感を買う」「反感をいだく」などと使われます。1「反抗」は、強い立場の者に対して逆らったり、手向かったりすること。2「反対」は、賛成しないで逆らうことで、「反対を買う」のような言い方は一般にはしません。

二　やむを得ない事情で、自分の希望を仕方なくあきらめることをいう、2「断念」が適切です。1「断絶」は、それまで続いていた流れやつながりがとだえること、また、それらを断ち切ること。3「断交」は、その相手との交際を一切やめることで、特に国家間の関係において使われます。

三　水や薬品などを一面にふりまくことをいう、1「散布」が適切です。2「配布」は、多くの人に行きわたるように配ること。3「流布」は、ある物事が広く世間に行きわたることです。

四　任務や役目からはずすことをいう、2「解任」が適切です。1「解放」は、人を束縛や制限から解きはなして自由にすること。３「解禁」は、今まで禁止されていた行為や活動などが許されることです。

〔言葉の意味〕

解答　一…3　二…1　三…5　四…2

解答のポイント　**文脈によって複数の意味を表す言葉があります。二つの文で、それぞれ異なる意味で用いられている、同じ言葉を考える問題です。**

一　**3**「うすい」が当てはまります。**ア**の「うすい」は、ものの厚みが少ない様子を表します。**イ**の「うすい」は、物事に対する関わりの程度が小さい様子を表します。

二　**1**「あつい」が当てはまります。**ア**の「あつい」は、信頼を受ける程度が大きい様子を表します。**イ**の「あつい」は、ものの一つの面から反対の面への距離が長い様子を表します。

三　**5**「きつい」が当てはまります。**ア**の「きつい」は、締め方や縛り方などが固くて力を入れないと開けられない様子を表します。**イ**の「きつい」は、人に厳しく接する様子を表します。

四　**2**「あまい」が当てはまります。**ア**の「あまい」は、心がとけるような、うっとりとして心地よい様子を表します。**イ**の「あまい」は、気を抜いていたり、相手を軽く見ていたりして、判断や見通しの厳しさに欠ける様子を表します。

［言葉の意味］

解答　一…1　二…2　三…1　四…2

解答のポイント　**使い方のうえで注意が必要な、さまざまな種類の言葉を取り上げています。**

一　**【いわく付き】**…こみ入った事情やいきさつがあることで、よくない意味で用いられることの多い言葉なので、1の使い方が適切です。2のような使い方は一般にはしません。

二　**【日進月歩】**…技術や研究などが、日を追って着実に進歩していく様子を表す言葉で、2の使い方が適切です。1のような使い方は一般にはしません。

三　**【すこぶる】**…何かの状態が予想を超えてかなりの程度である様子を表す言葉なので、1の使い方が適切です。2は、「少しずつ」などとするのが適切です。

四　**【まんざらでもない】**…それほど悪くない、また、それほど嫌ではないと思う様子を表す言葉なので、2の使い方が適切です。1は、「惜しみない」などとするのが適切です。

問11 ［言葉の意味］

解答 ア…1　イ…1　ウ…2　エ…1　オ…3

解答のポイント 会話の流れにふさわしい慣用句などを考える問題です。

ア 直前の文で、「早い」「入部した日が昨日のように感じる」と言っているので、月日がどんどん過ぎていくのは矢が飛んでいくようなものだという、1「光陰(こういん)矢のごとし」が当てはまります。2「時は金なり」は、時間には金銭と同じ価値があるということから、時間はたいへん貴重なものなので浪費(ろうひ)すべきではないという意味を表す言葉。3「石の上にも三年」は、冷たい石でも、三年間座り続ければ暖まるということから、どんなにつらくても、根気よく続けていれば必ず道が開けるという意味を表す言葉です。

イ とても恥(は)ずかしくて顔が真っ赤になる様子を表す、1「顔から火が出る」が適切です。2「手に汗(あせ)をにぎる」は、緊迫(きんぱく)した場面で、その成り行きがどうなるのか、緊張したり興奮したりしながら見守る様子を表す言葉。3「首が回らない」は、借金が増えるなどして、やりくりができない様子を表す言葉です。

ウ 頭を抱(かか)えて考えこむほど困ることをいう「頭を抱える」を用いた、2「(頭を) 抱えた」が適切です。1の「頭を割った」という言い方は、一般(いっぱん)にはしません。3の「頭をたたいた」という言い方は、文脈に合わず、不適切です。

エ　追いつめられて、どうにも逃れようのない状態や立場にあることをいう、**1**「絶体絶命」が適切です。**2**「一長一短」は、長所もあるが、短所もあるということです。**3**「難攻不落」は、攻略が難しく、容易に陥落しないことを表します。

オ　話がにぎやかに盛り上がることを「花を咲かせる」というので、**3**「花を咲かせて」が適切です。**1**の「思いを寄せる」は、あることに心を傾けることを表す言葉で、特に、異性に対して愛情や好意を持つことを表します。**2**の「気を回す」は、相手の気持ちなどを、必要以上に推測することを表す言葉です。

問12 【表記】

解答

ア…○　イ…○　ウ…×　エ…×　オ…○　カ…○　キ…○　ク…×

ケ…○　コ…×　サ…○　シ…×　ス…×　セ…○

解答のポイント　漢字の使い分けと送り仮名や仮名遣いの誤りが含まれている問題です。文章を見直すときは、特にこうした誤りに注意しましょう。なお、送り仮名については、「常用漢字表」および「送り仮名の付け方」（内閣告示　平成二十二年）を基準としています。

ア　**急いでいた**…正しい書き表し方です。

イ　**荷物**…正しい書き表し方です。

ウ　**くづして**…「くずして」が正しい書き表し方です。「ず」「づ」の使い分けについて、「づ」で書き表すのは、「つづく（続く）」のように同じ音が繰(く)り返されることでにごる場合と、「おりづる（折り＋鶴(つる)）」のように二つの語が合わさってにごる場合で、そのほかは「ず」で書き表すのが原則です。

エ　**通均**…勤め先に通うことで、「通勤」が正しい書き表し方です。

オ　**混雑**…正しい書き表し方です。

カ　**呼びかけて**…正しい書き表し方です。

キ　**夢中**…正しい書き表し方です。

ク　**時故**…不注意などで不意に起こる悪い出来事のことで、「事故」が正しい書き表し方です。

ケ　**落として**…正しい書き表し方です。

コ　**予裕**…ゆとりや余力を残すことで、「余裕(よゆう)」が正しい書き表し方です。

サ　**判断**…正しい書き表し方です。

シ　**週囲**…周りを取り巻く環境(かんきょう)のことで、「周囲」が正しい書き表し方です。

ス　**加能性**…物事に実現の見込(みこ)みがある様子のことで、「可能性」が正しい書き表し方です。

セ　**自覚**…正しい書き表し方です。

［表記］

解答　一…味方　二…再開　三…商品　四…誤っ（て）

解答のポイント　パソコンなどでの入力では、手書きでは考えられない誤りが生じることがあります。特に、同じ読み方をする言葉に注意が必要です。

一　対立する相手や敵に対して、自分の側の人々のこと、また、自分を助けてくれる人や仲間のことで、「味方」が正しい書き表し方です。「見方」は、物事を見る方法、またある立場からの物事のとらえ方のことです。

二　中止していたものが再び始まることで、「再開」が正しい書き表し方です。「再会」は、長く会うことのなかった人と人とが再び会うことです。

三　売るために製造された品物のことで、「商品」が正しい書き表し方です。「賞品」は、くじに当たった人や、優れた成績を収めた人などに贈(おく)られる品のことです。

四　判断や処理を間違(まちが)えることをいう、「誤る」を用いた「誤っ（て）」が正しい書き表し方です。「謝る」は、自分が悪かったと認めて、相手に許しを求めることです。

問14 ［漢字］

解答 一…こうえき　二…たがや　三…裁判　四…預

解答のポイント **漢字の読み方と書き方の問題です。**

一　他の地域や外国との間で、品物の交換（こうかん）や売り買いなどを行うことで、「こうえき」と読みます。

二　農作物を植える前に田畑を掘（ほ）り返すことで、「たがや（して）」と読みます。

三　裁判所が訴訟（そしょう）などについて、法律に基づいた判断を下すことで、「裁判」と書きます。

四　所有物の管理を一時的に他のものに任せることで、「預（けた）」と書きます。

問15 ［漢字］

解答 一　ア…1　イ…3　二　ア…1　イ…3　三　ア…1　イ…2
四　ア…2　イ…1　五　ア…1　イ…2

解答のポイント **同音や同訓の漢字の使い分けの問題です。**

一　音読みで「セン」と読む漢字の使い分けです。**ア**は、１「選」を入れて、代表者などをえらびだすことをいう、「選出」とするのが適切です。イは、３「専」を入れて、そのことだけに集中して取り組むことをいう、「専念」とするのが適切です。２「宣」は、人々に広く知らせるという意味を表す漢字です。

二　音読みで「ソ」と読む漢字の使い分けです。アは、１「阻」を入れて、さまたげて、はばむことをいう、「阻止」とするのが適切です。イは、３「粗」を入れて、物などをいい加減な態度で取り扱う様子のことをいう、「粗末」とするのが適切です。２「狙」はねらうという意味を表す漢字です。

三　音読みで「ヘン」と読む漢字の使い分けです。アは、１「偏」を入れて、かたよったものの見方や考え方のことをいう、「偏見」とするのが適切です。イは、２「編」を入れて、書物などを編集する人のことをいう、「編集者」とするのが適切です。３「遍」は、全体に行きわたるという意味を表す漢字です。

四　訓読みで「と（く）」と読む漢字の使い分けです。アは、２「説」を入れて、よく分かるように物事の道理などを言って聞かせることをいう、「説（く）」とするのが適切です。イは、１「解」を入れて、疑問や問題に対する答えを出すことをいう、「解（く）」とするのが適切です。

五　訓読みで「た（つ）」と読む漢字の使い分けです。アは、１「断」を入れて、つながっているものがさえぎられて止められることをいう、「断（たれた）」とするのが適切です。イは、２「立」を入れて、物事が成り立つことをいう、「立（った）」とするのが適切です。

第2回　解答と解説

問16 【総合問題】

解答 一…2　二…1　三…寄与　四…1　五…3

解答のポイント 「プラスチックごみ問題」に関する調査結果について考察した文章が題材になっています。図の正確な読み取りと、考察したことをどのように表現するのかが、問いの主な内容です。

一 アを含む第二段落では、図1から読み取ったことをもとに、レジ袋の有料化や新法の施行による、国民のプラスチックごみ問題への関心や行動の変化について述べています。アの直前では、「それでも、以前から行動していた人も含め、65%以上の人がプラスチックごみ問題に関心を持って具体的な行動をしている」と述べています。これは、「関心は高まったが、行動に変化はない」の割合が比較的高い若い世代を含め、全ての世代で、具体的な行動をしている人の割合が65%を超えているということを意味します。したがって、2「全ての世代で、過半数の人がプラスチックごみ問題に関心を持ち、行動に移していると考えられるから。」が適切です。1「プラスチックごみ問題に関心のある人が年々増加しているから。」は、年ごとのデータがなければ分からないことなので、不適切です。3「年齢が上がるにつれて、プラスチックごみ問題に対する意識が高まっているから。」は、「良い傾向」であると筆者が述べているのは、「65%以上の人がプラスチックごみ問題に関心を持って具体的な行動をしている」ことであり、世代による意識の高さの違いではないので、不適切です。

二　**イ**を含む第三段落では、国民のプラスチックごみ問題への関心や行動の変化について述べた第二段落を受けて、プラスチックごみ問題の解決に貢献する一人一人の取り組みについて、**図2**を用いて考察しています。すなわち、**イ**は「国民のプラスチックごみ問題への関心や行動の変化」から、「プラスチックごみ問題を解決するための一人一人の取り組み」へと話題を転換する役割を果たしていると考えられます。したがって、第二段落の内容を受けて、「では、この問題を解決するために私たちができる行動にはどんなことがあるでしょうか」と新たな疑問を提起している、**1**が適切です。**2**「ところが、実際にプラスチックごみを減らすことは簡単ではないようです」と、**3**「一方、世界と比べると取り組みが不十分だと言えそうです」は、前後の文の内容とつながらず、不適切です。

三　「貢献」は、ある物事や活動のために役立つことという意味を表す言葉で、この文章では、「プラスチックごみ問題の解決に役立つようなこと」という意味に使われています。似た意味を表す言葉は、第三段落の最後の一行で「……問題の解決に寄与しようとしている……」と使われている「寄与」です。

四　**エ**の直前にある「こういった」は、ひとつ前の文にある「これらの行動はすぐにでも、誰でも取り組むことができる」を受けています。したがって、「すぐにでも、誰でも取り組むことができること」を簡潔に言いかえた、**１**「身近なところからできること」が**エ**に当てはまる言い方として適切です。**２**、**３**は、いずれも文脈に合わず、不適切です。

五　第四段落の冒頭に「『問題の当事者として、一人一人ができることを行う』という意識を持ち、行動することこそ、問題の解決にとって最も大切なのではないでしょうか」とあるので、これを言いかえた、**３**「プラスチックごみ問題について、一人一人が当事者意識を持って行動することが重要だ。」が適切です。**１**「レジ袋の有料化や新法の施行により、海洋汚染は大きく改善した。」は、本文では、海洋汚染の改善への影響については述べられていないため、不適切です。**２**「プラスチックごみ問題の解決に関心がある人が半数を超えるのは40代以降の世代である。」は、**図１**からは、レジ袋の有料化や新法の施行以前よりプラスチックごみ問題への関心を持っていた人と、関心が高まった人の合計の割合は、全ての世代で50％を超えていることが分かるので、不適切です。

【総合問題】

解答　一…素材　二…１　三…３　四…４　五…２

解答のポイント　長文問題です。文章全体の流れを理解するとともに、細部にまで気を配って読むことが必要です。

一　もとになる材料のことで、「素材」が正しい書き表し方です。

二　いいかげんなことを言ってその場をごまかし、苦しい立場から逃れることを表す言葉で、1の使い方が適切です。2のような使い方は一般にはしません。

三　Aの直前の文で、「洋紙に比べ丈夫で長持ちしやすい」という和紙の特長が述べられています。そして、Aを含む文では、「障子やふすま」、「せんす、うちわ」などの材料として使われると述べられています。この二つの内容をつなぐ言葉として、前に述べた事柄が後ろに述べる事柄の原因や理由であることを表す「そのため」を当てはめると、「丈夫で長持ちしやすい」ことが、これらの「材料として使われる」理由であるという、意味の通った文脈になり、これが適切です。「このように」は、前に述べた事柄を例として後に述べる事柄を導く際に用いる言葉。「それから」は、前で述べた内容に並列して、後で述べる内容を述べる際に用いる言葉。「こうして」は、前に述べた事柄の結果として成り立つことを述べる際に用いる言葉で、いずれも文脈が通らず不適切です。

Bを含む文では、「暮らしをさまざまに彩る和紙は、洋紙が普及した今日においても、私たちの生活に深く根付いている」という筆者の考えが述べられています。この考えを導くために、第四段落のBまでの文で、「障子やふすまといった建具」や「せんす、うちわなどの日用品」、「工芸品」、「調度品」など、和紙が「暮らしをさまざまに彩」り「私たちの生活に深く根付いている」例があげられていると考えることができます。したがって、前に述べた事柄を例として後に述べる事柄を導く際に用いる「このように」が適切です。「そのため」「こうして」「そのほかに」は、いずれも文脈が通らず、不適切です。以上のことから、3が適切です。

四　第五段落に「様々な工芸作物について知ることを通じて、私たちの生活や文化への学びを深めていきたい」とあることから、筆者は、工芸作物を知ることで、生活や文化を学ぶことができると考えていることが分かります。したがって、4「工芸作物を知ることは、私たちの暮らしや文化を学ぶことにつながる。」が、筆者が述べていることと合い、これが適切です。1「工芸作物は人々の生活と密接な関係にあり、近年ますます生産がさかんである。」は、本文中で、工芸作物が生活や文化と密接に関わっているということは述べられているものの、近年生産がさかんになっているということについては述べられておらず、不適切です。2「工芸作物について学ぶうえで、日本の生活や文化に関する知識は不可欠である。」は、本文中で、知識が不可欠であるかどうかについて述べられておらず、不適切です。3「工芸作物の国内生産を保護することで、伝統的な文化を守ることができる。」も、そのようなことは述べられておらず、不適切です。

五　第一段落では、工芸作物と生活や文化との関わりについて、「どのようなものか」という疑問を提示しています。そして、第五段落では、工芸作物が「生活や文化といかに深くつながっているのかということが分かった」という、第一段落で提示した疑問に対する筆者の考えが述べられています。このことから、この文章は「工芸作物」と「生活や文化」との関わりについて書かれていると考えることができます。さらに、第二～四段落では、具体的な工芸作物を取り上げて、さまざまな形で私たちの生活や文化を支えていることを述べています。したがって、本文のタイトルとして最も適切なものは、２「生活や文化を支える工芸作物」です。１「工芸作物の用途とその生産の歴史」、３「日本で生産される主な工芸作物」、４「日本の工芸作物を守るために」は、工芸作物と生活や文化との関わりという、この文章における最も大切な視点が欠けているので、不適切です。

カバーイラスト…………福政真奈美
装丁…………………………難波邦夫
DTP…………………………牧屋研一
本文イラスト……………黒沢信義

日本語検定 公式過去問題集 4級 令和6年度版

第1刷発行　2024年3月31日

編　者　日本語検定委員会
発行者　渡辺能理夫
発行所　東京書籍株式会社
〒114-8524　東京都北区堀船2-17-1
電話 03-5390-7531（営業）　03-5390-7506（編集）
日本語検定委員会事務局
フリーダイヤル　0120-55-2858
印刷・製本　図書印刷株式会社

ISBN978-4-487-81754-2 C0081

東京書籍　https://www.tokyo-shoseki.co.jp
日本語検定委員会　https://www.nihongokentei.jp